A WOMAN'S

HOW TO START MY LESSON

“好き・得意”を教える
先生になろう！

「お教室」のつくり方

お教室開業支援
ミスト代表
池田範子

同文舘出版

はじめに

お教室開業のご相談が、ここ数年で急増しています。

その背景として、社会での活躍の機会が増えてパワーアップした女性たちが、人生をより豊かに楽しく過ごすために、さらなるステップアップの場を求めていることがあります。それに応えるようにお教室のスタイルも多様化し、以前からある華道や着付け、習字などの習い事に加えて、「カルトナージュ」や「プリザーブドフラワーアレンジメント」「テーブルコーディネート」など、新たな技術を学べるお教室が登場しました。そのお教室の講師として、さまざまな経歴やスキルをもつ人が活躍できるようになったのです。

お教室講師の仕事は、働く時間や曜日を自分で決めることができ、結婚・転勤・子育てなど生活スタイルの変化に合わせて、無理なく続けることができるのも人気の秘密です。たとえば会社員や主婦の方が副業としてお教室をはじめたり、シニア世代の方が子育ての一段落したタイミングで開業をめざしたりするなど、挑戦する気持ちがあればいつでも夢に向かえることも魅力です。

一方で夢をもってお教室を開業したものの、開業して半年~1年ほどたってさまざまな壁にぶつかり、運営の相談に来られる方も多くいらっしゃいます。「一生懸命がんばっているけれど、生徒さんに集まってもらえずに困っている」「開業以来赤字が続き、これ以上続けるべきか迷っている」などが多いご相談内容です。

ここ数年のお教室開業ブームに合わせて、さまざまな協会や団体から講師資格が発行されるようになり、資格取得に時間をかければ開業ができるようになりました。一方で資格は取得したものの、どのようにお教室を運営して生徒さんを集めていくのかがわからず、途方に暮れてしまう方も多くなりました。ブームに乗ってお教室開業をめざすのではなく、開業した後に長く続くお教室をつくりあげていくことが重要なのです。

私が主宰するお教室開業支援ミストは、２０１１年にスタートして以来、北は青森から南は鹿児島まで、料理やフラワー、クラフトなどさまざまな講師の方にご参加いただいています。ミストのセミナーの特徴は少人数で実践的なことで、参加者はパソコンを持参してブログやホームページをその場で変更しながら、お教室の改善に挑戦します。口コミ等で人気が広がり、１ヶ月先まで予約が埋まるセミナーとなりました。

ミストでの豊富な開業支援の経験をもとに、本書では開業をめざす方に必ず押さえてほしい成功ポイントと、避けるべき失敗ポイントをお伝えしています。また各章の最後には、先輩のお教室講師のインタビューを掲載していますので、皆さんがめざしたいお教室探しにお役立ていただければと思います。

本書に登場する先輩講師の皆さんは、お教室講師の最大の魅力として「好きなこと・得意なことを仕事にできること」と「生徒さんが成長する姿を見守れること」を挙げられます。本書を通じて、生徒さんに長く愛されるお教室講師が一人でも多く誕生することを心より願っています。

もくじ

〝好き・得意〟を教える先生になろう！

「お教室」のつくり方

はじめに

Chapter 1

私でもお教室を開けますか？

01 お教室の最新事情が知りたい——14
—今、どんなお教室が人気ですか？

02 こんな方にお勧め！
お教室講師という仕事——16
—向き不向きはありますか？

03 自分の好きなこと、得意なことの棚卸し——18
—自分らしいお教室を開くためには

04 お教室開業に必要な資格・スキルをチェック——20
—私でもお教室を開けますか？

05 お教室講師の1日をチェック——22
—どんな1日を送っていますか？

06 お教室は専業で？ 副業で？——24
—切り替えのタイミングはいつ頃ですか？

07 将来の開業に向けてできる準備はありますか？——26
—まずは情報発信の練習からスタート

08 「お教室開業までのチェックシート」の使い方——28
—どのように活用できますか？

♥ お教室講師の先輩 Interview ❶

☑ お教室開業までのチェックシート①——31

Chapter 2

まずは大事なお教室のコンセプトづくり

01 お教室のコンセプトづくり——34
—なぜお教室を開きたいと思いましたか？

02 生徒さんのイメージを絞る——36
—どんな生徒さんに集まって欲しいですか？

03 生徒さんがお教室を選ぶ理由——38
—ミストアンケート結果を元に

04 お教室のセールスポイントづくり——40
—生徒さんから選ばれるお教室になるには

05 個人のお教室ならではのよさを活かす——42
—大手のお教室と差別化するためには

06 ライバル教室を調べる——44
—どんなお教室と見比べられますか？

07 お教室の名前を決めましょう——46
—覚えてもらいやすい名前とは？

♥ お教室講師の先輩 Interview ❷

☑ お教室開業までのチェックシート②——49

Chapter 3

お教室をどこで開くか考えましょう

01 自宅、賃貸物件、レンタルスペース メリット・デメリット —— 52
—お教室をどこで開きますか?

02 お教室の立地選び —— 54
—郊外型・街中型、どちらがよいですか?

03 自宅で開く時の注意点 —— 56
—どんなトラブルが起きやすいですか?

04 賃貸物件契約の注意点 —— 58
—どんな点に注意すればよいですか?

05 レンタルスペースの活用法 —— 60
—スペースの上手な探し方とは

06 インテリア・電化製品の準備とレイアウト —— 62
—はじめに何を揃えるのがよいですか?

07 場所がいらないオンラインレッスンについて —— 64
—どんな準備が必要ですか?

♥ お教室講師の先輩 Interview ❸

☑ お教室開業までのチェックシート③ —— 67

Chapter 4

レッスンメニューづくりに取り掛かりましょう

01 レッスンメニューはお教室の顔 —— 70
—どんなメニューを用意するのがいいですか？

02 レッスン体系の決め方 —— 72
—単発・コース・月極めレッスンの違い

03 大事なメニューの骨格づくり —— 74
—どうすれば特徴を伝えられますか？

04 レッスンテキストづくり —— 76
—どんなテキストが読みやすいですか？

05 レッスンの流れを考えましょう —— 78
—どこに一番長く時間をかけますか？

06 実際の生徒さんの声を取り入れましょう —— 80
—モニターレッスンを行なうほうがいいですか？

07 レッスンのスケジュールを立てましょう —— 82
—1週間に何レッスンできますか？

08 納得感のあるレッスン料の設定方法 —— 84
—高くすべき？ 安くすべき？

09 体験レッスンを設けましょう —— 86
—申し込みにつながる体験レッスンとは？

10 単発のイベント企画・コラボ企画にチャレンジ —— 88
—どんな効果がありますか？

♥ お教室講師の先輩 Interview ❹

☑ お教室開業までのチェックシート④ —— 91

Chapter 5

生徒さんを募集する方法を考えましょう

01 **お申し込みにつながる4つのステップ** ——— 94
—ホームページをつくるだけで十分ですか？

02 **お教室のことを知ってもらうきっかけづくり** ——— 96
—多くの人に知ってもらうためにできること

03 **お教室へのハードルを取り除くために** ——— 98
—どんなことをアピールするのがよいですか？

04 **お教室に通いたいと思ってもらうために** ——— 100
—どのような後押しができますか？

05 **確実にお申し込みにつなげるために** ——— 102
—どんな工夫ができますか？

06 **お申し込みにつながらない時に見直すポイント** ——— 104
—どこから見直すとよいですか？

07 **お教室のチラシをつくってみよう** ——— 106
—手づくりでも大丈夫ですか？

08 **こだわりたい写真** ——— 108
—どんな点にこだわるのがよいですか？

09 **口コミを広げるために** ——— 110
—生徒さんの期待を超えるサービスを

♥ お教室講師の先輩 Interview ❺

☑ お教室開業までのチェックシート⑤ ——— 113

Chapter 6

ウェブ・SNSツールの最新活用術

01 **自分に合うウェブツールの選び方**――116
―どのように選ぶのがよいですか？

02 **ホームページづくりについて**――118
―どんな情報を載せるのがよいですか？

03 **簡単で便利！ ホームページ作成ツールのご紹介**――120
―自分でもホームページがつくれますか？

04 **ブログの更新について**――122
―どんなことを書けばいいですか？

05 **アメブロの人気の秘密**――124
―どうして人気があるのですか？

06 **SNSツールの活用方法**――126
―どのような使い分けがお勧めですか？

07 **Facebookの使いこなし方**――128
―個人ページとお教室のページをどう使い分けますか？

08 **Instagram（インスタグラム）の使いこなし方**――130
―どのようにフォロワーを増やせますか？

09 **LINE@（ラインアット）の使いこなし方**――132
―通常のLINEと何が違いますか？

10 **ネットショップの開設**――134
―簡単に開くことができますか？

11 **検索キーワード対策**――136
―すぐにできる対策はありますか？

♥ お教室講師の先輩 Interview ❻

☑ お教室開業までのチェックシート⑥――139

Chapter 7

開業とお金、手続きのはなし

01 開業にはいくら必要ですか？――142
―お金のことを考えるのが苦手なのですが……

02 どのくらいの収入をめざしますか？――144
―目標を決めたほうがいいですか？

03 お教室の通帳をつくりましょう――146
―生活費と混ざってしまうのですが……

04 領収書の発行と受け取り――148
―どのように管理するのがよいですか？

05 帳簿はお教室の家計簿――150
―なぜ帳簿つけは大切なのですか？

06 レッスン料の値上げについて――152
―値上げはしないほうがいいですか？

07 開業に必要な届け出について――154
―どんな届け出が必要ですか？

08 確定申告について――156
―どんな手続きが必要ですか？

♥ お教室講師の先輩 Interview ❼

☑ お教室開業までのチェックシート⑦――159

Chapter 8

お教室運営の注意点

01 お教室で起こり得るトラブル
—未然に防ぐ方法はありますか？ 162

02 SNSでのNG投稿例
—どんなことに気をつければいいですか？ 164

03 気をつけたい写真の著作権
—写真を守るよい方法はありますか？ 166

04 所属する協会の選び方
—見極めのポイントはありますか？ 168

05 ケガや病気や出産、介護について
—会社員との違いはありますか？ 170

♥ お教室講師の先輩 Interview ❽

☑ お教室開業までのチェックシート⑧ 173

Chapter 9

人気お教室にするためにできること

01 どんなお教室でもスタートは一緒——176
—うまくいかないと感じた時には

02 人気の講師に共通していること——178
—おもてなしの心の磨き方は

03 生徒さんを増やすためにできること——180
—どうすればリピーターになってくれますか

04 講師は常にスキルアップ——182
—忙しくて時間が取れない時は……

05 取材のチャンスを得るためには——184
—何かできることはありますか？

06 お教室を拡大していくために——186
—どんなペースで進めるのがよいですか？

07 5年、10年先にも残るお教室になるために——188
—長くお教室を続けるために必要なこと

♥ お教室講師の先輩 Interview ❾

☑ お教室開業までのチェックシート⑨——191

カバーデザイン／高椅明香（おかっぱ製作所）
本文デザイン・ＤＴＰ／新田由起子・川野有佐（ムーブ）
イラスト／佐々木麗奈
本書に記載の情報は２０１６年８月時点のものです。

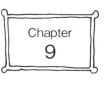

Chapter 1

私でも お教室を開けますか？

Section
1-01

お教室の最新事情が知りたい

今、どんなお教室が人気ですか？

お教室について本やインターネットを調べてみたら、数年前には見かけなかった新しい分野ばかりで戸惑ってしまった、そんな声をよく耳にします。

以前は習い事といえば、華道、着付け、習字、ピアノ、アート、茶道などが主流でした。生徒は先生から新しい技術や教養を学ぶ――お教室に通う目的は〝学び〟が中心でした。

これに対し、今の生徒さんは〝学び〟だけでなく、日常生活を〝豊かに〟し、周りの人を〝楽しませる〟技術をお教室に求めています。たとえば〝ポーセラーツ〟や〝カルトナージュ〟などの習い事では、生徒さんは身近な小物を自分好みのデザインに変える技術を学び、日常の生活を豊かにすることができます。〝プリザーブドフラワーアレンジメント〟や〝テーブルコーディネート〟などの技術を活かせば、生活に彩りを添えて、友人や家族など周りの人を楽しませることができます。

最近は女性の社会進出が進み、自由に使える収入が増えていることも、お教室の人気を支えています。男性向けの料理教室なども出てきてはいますが、生徒さんの大半はまだ女性です。女性の心をいかにつかめるかが、人気お教室のバロメーターです。

人生を豊かに楽しく過ごすことに積極的な女性達は、ステップアップできる場を求めています。そんな期待に応えるようにお教室も進化しつづけ、新しいスタイルのお教室が次々と生まれているのです。

子供、ベビー向けお教室にも変化が

子供やベビー向けのお教室にも新しい波が押し寄せています。将来の小学校の英語必修化に向けた〝子供向け英会話教室〟や、ＩＴ時代に合わせた〝アプリ開発教室〟〝ロボット教室〟など、新しい分野のお教室が次々と登場しています。

お教室にはたくさんの種類がある

大人の女性向けの習い事	手芸・クラフト系	ポーセラーツ、カルトナージュ、デコパージュ、スクラップブッキング、キャンドル、手芸、洋裁、アクセサリー制作など
	お料理系	料理、パン、お菓子、マクロビ、飾り寿司、ワイン、紅茶など
	フラワー系	プリザーブドフラワー、アートフラワー、生け花など
	美容・健康系	ヨガ、ピラティス、ダンス、メイク、ネイル、ストレッチ、バレエ、アロマなど
	語学系	英語、フランス語、中国語など
	音楽系	ピアノ、ギター、ボイストレーニング、ゴスペル、ミュージカルなど
	趣味・教養系	着物、書道、カメラ、カラー、占い、お片づけ、テーブルコーディネートなど
子供、ベビー向けの習い事		ベビーマッサージ、リトミック、楽器、体操、ロボット、英会話など

POINT

時代に合わせて、新しいスタイルのお教室が次々と生まれています。どんなお教室が人気なのか、ＴＶや雑誌などで最新のトレンドをチェックしておきましょう。

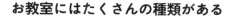

Section 1-02

こんな方にお勧め！お教室講師という仕事

向き不向きはありますか？

お教室講師という仕事は、どんな人に向いている仕事なのでしょうか。

私がお会いしてきた講師の皆さんに共通しているのは、〝好きなこと、得意なことを一生の仕事にしたい〟という強い想いです。

お教室講師は生徒さんに技術を伝えるだけでなく、自分自身の技術も常に磨き続ける仕事です。好き・得意なことでなければなかなか長く続けられないという特徴があります。

また、お教室に通う生徒さんの中には、技術を学ぶだけでなく、講師との会話や場を楽しみたいという方もいます。そのため講師には、技術力だけでなく、生徒さんに対して細やかな気配りをして楽しませる力も必要です。お教室の講師という仕事はコミュニケーション能力が高い方に向く一方で、人と接することや人に教えることが好きでない方には、あまり向いていない仕事とも言えます。

結婚・転勤・子育てなど生活スタイルの変化に合わせられる

生活スタイルの面では、お教室の講師の仕事は自営業ですので、「働く曜日や時間帯を自分で決められる」のが特徴です。

講師の仕事をフルタイムでこなす方もいれば、会社に勤めながら土日だけお教室を開く方、子育てや家事の隙間時間でお教室を開く方などさまざまです。女性は結婚や転勤、子育て、介護など人生の転機で仕事にかけられる時間が変化しがちですが、その時々に合わせた働き方を選ぶことができます。

最近では、子育てや仕事がひと段落して第二の人生がはじまるタイミングで、お教室の開業をめざすシニアの方も増えてきました。挑戦する気持ちさえあれば、いつでも夢に向かってスタートできることも、お教室講師という仕事の魅力です。

こんな方は講師にお勧め！　Yes/No チャート

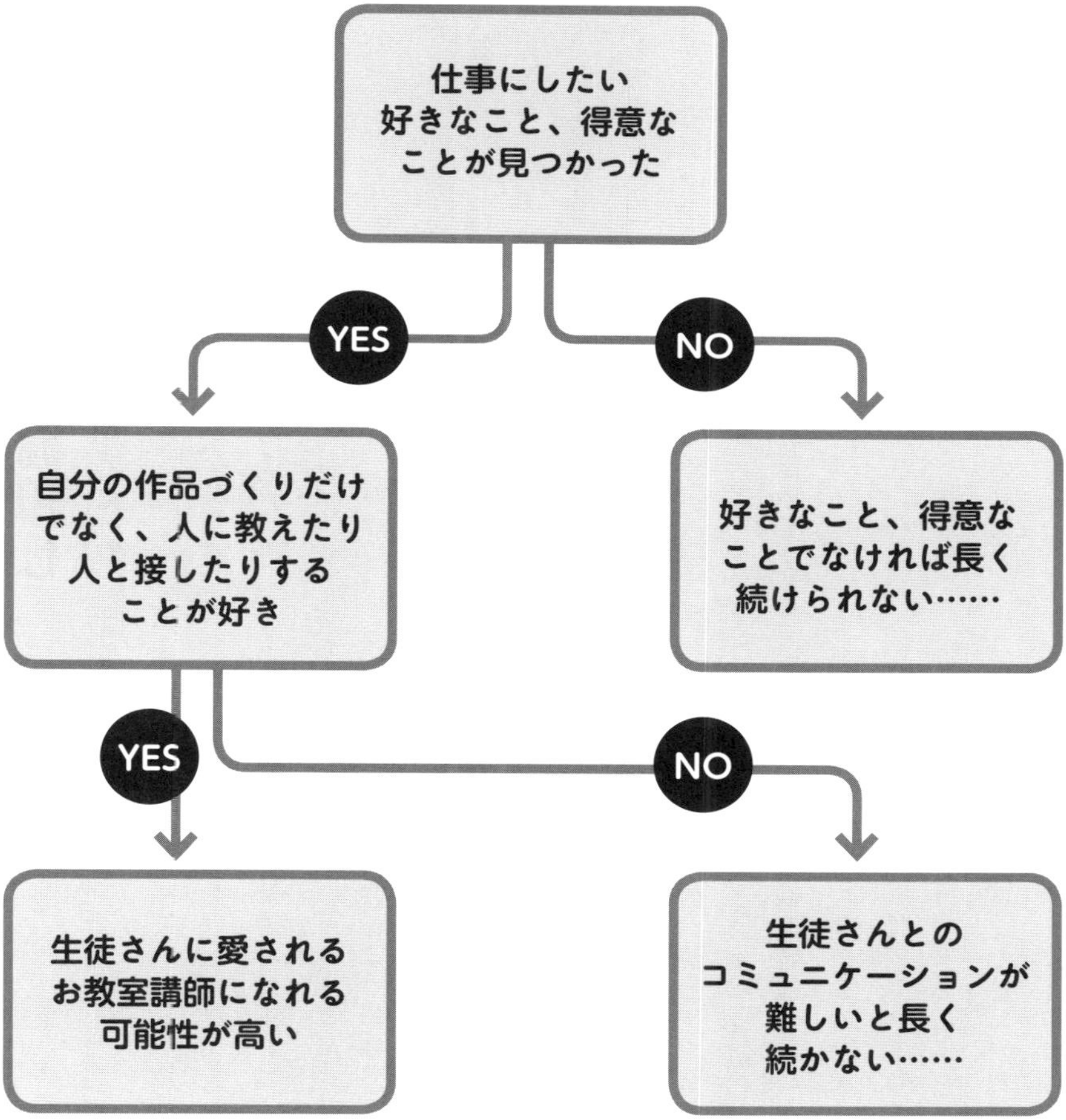

POINT

まずは一生の仕事としたいと思える“好きなこと、得意なこと”を見つけられることが、お教室講師への第一歩です。

Section 1-03

自分の好きなこと、得意なことの棚卸し

自分らしいお教室を開くためには

自分らしいお教室を開きたいけれど、どんなお教室が向いているのかわからない。そんな時にはまず〝好きなこと〟〝得意なこと〟の棚卸しからスタートしてみましょう。今までの人生を振り返ってみて、好きなこと、得意なことで長く続いているものはありませんか？　友人や知り合いからほめられたことのある経験や特技などはありませんか？

仕事、趣味、特技、資格、自分の長所などを、紙に書き出してみるのもお勧めです。そこからお教室の開業につながりそうなヒントを抜き出してみましょう。ヒントは1つに絞る必要はなく、たとえば旅行とアクセサリーづくりが好きなら、両方を生かすことでオリジナルの教室（例：世界各国の素材を使ったアクセサリーづくり）ができるかもしれません。

お教室につながるものが見つからない時は、友人や知り合いに協力してもらって、一緒にお教室のヒントを探してもらいましょう。周囲から客観的な意見をもらうことで、自分では気づけなかった強みに気づくこともあります。先輩講師の中には、手づくりの小物を知り合いにプレゼントしているうちに、つくり方を教えてほしいと頼まれるようになり、お教室を開いたという方もいます。自分ではたいしたことではないと考えていることが、十分に価値があることもありますので、いろいろな人の意見を積極的に聞いてみましょう。

新たなスキルよりもまずは好きなこと、得意なことの棚卸しを

どうしても開業のヒントが見当たらない場合には、学校に通ったり資格の勉強をしたりして、得意なことを新たに身につけて開業をめざすこともできます。ただ、そうして身につけたスキルは、他の人も同じように勉強をすれば取得できてしまいます。他とは違う自分らしいお教室を開くために、自分自身が好きなこと、得意なことがないかをまずは棚卸ししてみましょう。

好きなこと・得意なことの棚卸しシート

1. 趣味や特技は何ですか？
2. 今までのお仕事内容は何ですか？
3. 今までに取った資格は何ですか？
4. 今まで他の人にほめられたことは何ですか？
5. 他の人から、何かを教えてほしいと頼まれたことはありますか？
6. 将来の夢は何ですか？

記入例

1. ヨガ、ランニング、お菓子づくり、食べ歩き、英語
2. 一般事務、営業
3. 英検１級
4. 職場で後輩に教え方がうまいと言われます
5. 英語初心者の人から、英語を教えてほしいと言われたことがあります
6. 趣味のお菓子づくりをもっと極めたい

▼

お菓子づくりを極めるために、学校で技術を習得して教室の開業につなげることができますし、特技の英語と組み合わせて、“英語で教えるお菓子教室”などのコンセプトも面白いと思います。

POINT

自分が好きなこと、得意なことをまずは見つけましょう。今まで行なってきた仕事、趣味、特技、資格、自分の長所などを紙に書き出してみて、お教室の開業につながるヒントを探してみましょう。

Section
1-04

お教室開業に必要な資格・スキルをチェック

私でもお教室を開けますか？

お教室を開業するには、どんな資格やスキルが必要でしょうか？

近年増えているのが、協会や団体の認定講師のコースを受講して、資格を取って開業するという方法です。資格取得までに必要なカリキュラムは団体ごとに異なります。協会や団体で発行されるのは民間資格ですので、そうした資格を取らなくてもお教室を開業することもできます（＊）。その場合は自分で勉強した内容を、オリジナルのカリキュラムやテキストにまとめて生徒さんに教えます。

いずれの場合も生徒さんから信頼を得るためには、まずは基礎技術をしっかりと身につけることが重要です。お教室に来る方は初心者だけではなく、独学で勉強した中級者や、他の学校で勉強した上級者もいます。どんな技術レベルの生徒さんが来ても自信をもって教えられるようにしましょう。

技術を向上させる方法は、学校に通って資格を取ったり、人から教えてもらうことだけではありません。作品をつくり続けることでデザインや技術力を磨いたり、雑誌や本、業界の専門誌などで勉強するなど、自ら学ぶ力も重要です。

身につけたい、教える技術、ITスキル

お教室の講師はレッスンを通して、生徒さんに自分の技術を伝え、上達を促します。教える技術は本を読んでいるだけでは身につかないため、レッスンを多くこなして実践の中で磨いていきましょう。また生徒さんにリラックスして参加してもらえるようにホストとして場を和ませ、生徒一人一人に気を配る心遣いも重要なスキルです。

開業後は、講師自らが集客や宣伝をするので、レッスンの様子や講師の想いをホームページやブログでうまく発信できることも大事なスキルとなります。

お教室講師に必要なスキル

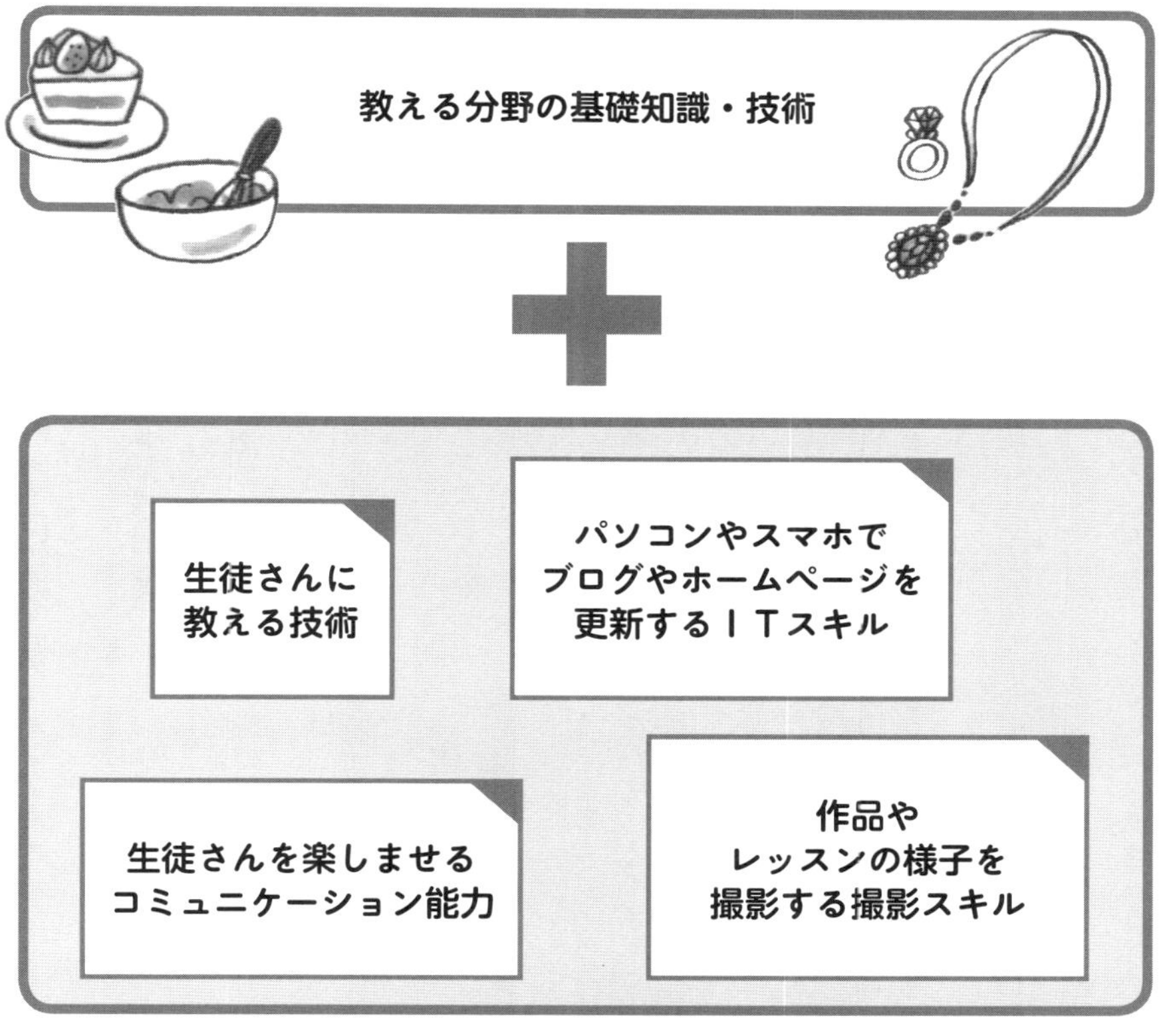

（＊）教室で人に教える以外に、食品や化粧品の製造・販売やレストラン形式での食事の提供には別途資格が必要です。また、名称が協会や団体によってすでに商標登録されている場合は使用できませんので、事前に調べることが必要です。

POINT

お教室で教えたい分野の基礎技術をまずはしっかりと身につけましょう。その他、生徒さんに教える技術や、ブログやホームページを更新するITスキルなどもお教室講師には重要です。

Section 1-05

お教室講師の1日をチェック

どんな1日を送っていますか？

華やかで優雅なイメージがあるお教室講師の仕事。実際にお教室講師の1日はどんなものでしょうか？ここでは1日に2回、自宅でレッスンを行なう講師の例を見てみましょう。

起床後に朝食、家事を済ませてから、レッスンに使う部屋の掃除をして、生徒さんを迎える準備をします。朝の10時にレッスンを開始するために、9時頃からレッスンの下準備をはじめ、材料や器材を準備します。2時間のレッスンが12時に終了してしばらくは生徒さんと歓談して、13時に片づけを終了。昼食を取って次のレッスンの下準備に入り、15時には2回目のレッスンの生徒さんを迎えます。2回目のレッスンが終了する頃にはもう夕方です。

帰宅後にも、お教室の講師の仕事は続きます。ブログやSNSでその日のお教室の様子をレポートしたり、生徒さんからの予約の受け付けの対応や、レッスン料の入金管理を行ないます。またレッスンがない日も、材料の買い出しや器材の整備、テキストの見直しや新しいレッスンの企画など、レッスンの合間ではこなせない仕事をまとめて行ないます。

何でもこなすお教室講師という仕事

お教室講師の仕事と聞くと、生徒さんの前でレッスンをしているイメージを持つ方が多いのですが、レッスンの前後やレッスンがない時間にもたくさんの仕事があることがわかっていただけたでしょうか。

苦手な仕事を他の人に任せることができる会社員とは違って、経理（レッスン料の入金や支払の管理）、広報（チラシづくりやブログの更新）、営業（交流会への参加）など、システム（ホームページの作成）、お教室講師は何でも1人でこなさなければいけません。どんなことにも苦手意識をもたず、てきぱきとこなしていけるスキルが求められる仕事です。

1日2回のレッスンをこなす講師の例

7:00	起床 朝食・家事
8:00	
9:00	レッスン準備
10:00	1回目レッスン
11:00	
12:00	片づけ
13:00	昼食
14:00	レッスン準備
15:00	2回目レッスン
16:00	
17:00	片づけ
18:00	夕食
19:00	
20:00	
21:00	ブログ更新、問い合わせ対応など
22:00	
23:00	就寝

その他、不定期な仕事として……

- ホームページ更新
- 入金・出金の管理、帳簿つけ
- 材料の仕入れ
- レッスンメニューの開発
- イベントの企画

など

POINT

お教室を開業した後はレッスン以外にも、問い合わせの対応、ホームページ・ブログの更新、入金の管理など多くの仕事が待っています。どんな仕事にも苦手意識をもたず、てきぱきとこなせるスキルが必要です。

Section 1-06

お教室は専業で？　副業で？

切り替えのタイミングはいつ頃ですか？

「今は会社員やパートとして働いていますが、資格を取得した後はお教室講師の仕事を専業でやりたいのですが」というご相談をよくいただきます。

お教室講師の仕事を専業として活動している方はたくさんいます。しかし開業してすぐに専業とするためにはかなりの覚悟が必要です。なぜなら、生徒さんはお教室を開業してすぐに集まるものではなく、年月とともに徐々に増えていくからです。人気のお教室でも、開業後しばらくは集客に苦労したという方が多いものです。お教室が軌道に乗るかどうかは、どれほどの生徒さんが集まってくれるかに左右され、自分のペースだけで決められません。

お教室を副業としてはじめる場合は、普段は会社員として働き、平日の夜や土日にお教室を開催するというパターンが多いようです。本業で安定した収入があるため、開業直後に集客がうまくいかなくても、収入がゼロになるリスクがなく、落ち着いてお教室を立ち上げることができます。

徐々にお教室の比率を高めていきましょう

仕事量を考えると、会社員とお教室の二足のわらじを履き続けるダブルワークは大変です。そのため、最初は副業としてはじめ、将来的にはお教室を専業にすることを目標とする方が多くなっています。

まずはお教室をはじめて半年程度、集客の様子を見てみましょう。集客が順調で、土日や平日の夜だけでは予約が受けきれなくなった場合は、レッスン数を増やすために徐々に本業の割合を減らしていくのがよいでしょう。

一方でまだ予約枠が埋まらない場合はしばらく副業として続けながら、予約枠を埋められるように集客方法やレッスン内容を改善して、専業に切り替えるタイミングを待つのがよいでしょう。

お教室を専業にするまでのステップ例

平日の昼間はパートや会社員として働き、副業として土日にお教室を開催する

平日：パート・会社員
土日：お教室

↓

土日だけでは予約が受けきれなくなる

↓

平日の夜にもお教室を開催して、開催日数を増やしていく

平日昼：パート・会社員
平日夜・土日：お教室

↓

その後も順調に集客が進む

↓

平日の昼間にもお教室を開催できるように、専業へと切り替える

平日：お教室
土日：お教室

POINT

開業してすぐにお教室講師の仕事を専業にするためには、綿密な計画と覚悟が必要です。まずは副業からはじめて、集客の広がりを見ながら徐々に本業にしていくほうが、無理なくはじめられます。

Section
1-07

将来の開業に向けてできる準備はありますか？

まずは情報発信の練習からスタート

将来のお教室の開業に向けて、今からどんな準備ができるでしょうか？

すでに開業することを決めている方は、次項で解説する〝お教室開業までのチェックシート〟で準備を進めてください。全部で9枚あるシートを順に埋めていくことで、お教室の開業までに必要な準備ができているかチェックできます。

また、開業を決めている方にも、まだはっきりと決めていない方にもぜひ取り組んでほしいのが、自分から情報を発信する練習です。私たちは普段、テレビや雑誌、ブログなどから最新のニュースや面白い情報を受け取っています。将来お教室を開業した場合、情報を受け取る側ではなく、情報を発信する側に立場が変わります。お教室の様子や講師の想いをブログやSNSで発信して共感を集め、多くの人にお教室に来てもらわなければなりません。

開業してからいざ情報発信をはじめようと思っても、何を書けばいいのかわからないという方が少なくありません。最初からうまくできるものではないので、開業前からブログをはじめて、情報発信の練習をしてみましょう。ブログに書く内容はお教室や習い事のことだけでなく、興味があることなら何でも構いません。ただ、自分が書きたいことを書くのではなく、どんなことを書けば読み手が面白いと思うかを考えて書くことができれば、よい練習になります。

励まし助け合える仲間を見つけましょう

お教室を開業した後に、励まし助け合える仲間がまわりにいることも、お教室をスムーズに運営するにはとても重要です。地域の商工会や自治体が、起業や開業をめざす人向けの交流会や勉強会を開催しています。そうした場に足を運んで、開業をめざす仲間と出会ったり、開業に役立つ情報を得たりしておきましょう。

将来の開業に向けて、今できること

講師
会社員として働きながら、いつかはお教室を開業したいと思っています。今の時点でできることはあまりないと思うのですが……

池田
そんなことはありません、たくさんあります！

講師
どんなことがありますか？

池田
まずはブログをはじめてみてはいかがでしょうか。お教室を開業して、いざブログを書きはじめようとしてもなかなかうまく書けないものです。今からブログを書くことで、よい練習になります

講師
ブログにはどんなことを書けばいいですか？

池田
通っているお教室で習ったことを書いてもいいですし、その他にも日々感じたことなどを発信するのがいいでしょう。読んでくれる人が面白いと思ってくれる内容をめざして書いてみましょう

POINT

開業後は忙しい日々が待っています。開業した後にお教室をスムーズに運営できるように、できる準備はどんどん進めておきましょう。

Section 1-08

「お教室開業までのチェックシート」の使い方

どのように活用できますか？

本書には各Ｃｈａｐｔｅｒの最後に「お教室開業までのチェックシート」がついています。シートは全部で9枚あり、すべてのシートを順番に記入することで、開業までに必要な準備を進められるようになっています。

まずは各章の本編を読んでお教室開業の流れを押さえます。本編の重要なポイントをシート内の質問事項にまとめていますので、□をチェックしながら、内容の復習をしてください。

質問事項の下には設問と記入欄があります。各章の中で、お教室開業に特に重要なポイントをまとめていますので、設問に答える形式で記入してください。記入できない項目がある場合は、空白のままにして先に進み、まずは9シートすべての記入を完了させることを目標にしてください。

記入できなった項目については、いつまでに、どのようにして決めるのかを考えましょう。たとえば第3章のお教室の開業場所に関して今の時点で決まっていない場合は、どのような方法でいつまでに決めるのかを考えます（例：「都内のキッチン付きレンタルスペースを10ヶ所見学して、翌年の春までに決める」など）。

前半のシートには時間をかけてみて

開業までまだ日にちがあって、準備に時間をかけられる場合は、特に前半のスキルの棚卸しやお教室のコンセプトを決めるシートにしっかりと時間を掛けてみましょう。シートの内容は何度も見直し、ブラッシュアップして、開業に臨んでください。

〝お教室開業までのチェックシート〟は埋めることが目標ではありません。9シートを記入する中で、開業までに抜けている準備がないか、もっと工夫できることがないかに気づくことを一番の目標にしましょう。

お教室開業までのチェックシートの使い方

各章の最後に、お教室開業までのチェックシートがついています。

最後のシートまで記入をすれば、お教室の開業に必要な項目がチェックできるようになっています。

☑ お教室開業までのチェックシート③

□お教室を開く場所は決まりましたか？（自宅・賃貸スペースなど）
□お教室の立地は決まりましたか？
□自宅・賃貸スペースで開業する際の注意点はわかりましたか？

質問事項をチェックしながらその章の復習をします

1 お教室を開く予定の地域と最寄りの駅を書きましょう

各設問について答えを記入します

2 最初に揃える家具・電化製品と、その価格を調べましょう

名　前	価格（税込）	購入予定先
例）ダイニングテーブル	48,000 円	IKEA

お教室講師の先輩
Interview ❶

Q. お教室のコンセプトを教えてください

教室名 Chérie Maman（シェリー・ママン）の、Chérie はフランス語で、「愛しい人」という妻や恋人への呼びかけで、Maman はママです。教室にいらっしゃるママ達が、自分を大切に、自分らしく、より幸せになるお手伝いができるお教室でありたいと思います。

Q. どんな生徒さんが集まっていますか

30 代後半～ 40 代の近隣に住むママが多いのですが、遠方からお越しいただく方もいます。すでにお教室をお持ちで、アクリナージュを新たにご自身のレッスンに取り入れたいという方が多いです。

Q. アクリナージュは本木先生が独自に考案した手法です。どのような特徴がありますか？

アクリナージュは短時間で習得していただける技術でありながら、カルトナージュの基本的なつくり方を学べるため、応用力が高いのが特徴です。また短時間で制作できるため、他の作品との組み合わせや他の先生とのコラボレッスン、イベント出店など、あらゆる場面で活用しやすいのがポイントです。

Q. どのような思いからアクリナージュをはじめたのですか？

私自身、自分の教室に役立てたいとカルトナージュを学びましたが、その面白さと同時に、準備や手順の難しさから、レッスンメニューに加えづらいことに悩んでいました。 基本的な手法を学びながら、もっと手軽に美しい作品がつくれて、お教室メニューとしても加えやすい方法がないかと試行錯誤し、アクリナージュを考案しました。 生地や装飾の工夫によってお教室のカラーも出せるので、個性を出したお教室づくりに役立てていただければと思っています。

Q. 本木先生は子育てをしながらお教室を運営されています。
家事や子育てとお教室を両立させたい方にメッセージをいただけますか。

母という立場である以上、家族の協力なしにお教室の運営はできません。でも母としてだけではない 1 人の人間として、世の中に役立つ存在として成長していけることはとても幸せなことです。レッスンで生徒さんにご満足いただくことの対価としてきちんとした収入を得て、家族をもっと幸せにできるお教室の講師が増えていけばいいな、と考えています。

お教室名：Chérie Maman（シェリー・ママン）
レッスン内容：アクリナージュ、カルトナージュ、アルバム教室
講師名：本木綾子さん
ブログ：http://ameblo.jp/anyasb/
場所：神奈川県川崎市　溝の口駅
1回あたりのレッスン人数：2名～6名
レッスン単価：1レッスン 7,560 円×3レッスン（アクリナージュディプロマ取得の場合）

☑ お教室開業までのチェックシート①

□どんな分野のお教室に人気があるかわかりましたか？

□お教室開業に必要な資格やスキルがわかりましたか？

□将来の開業に向けて、できる準備事項はわかりましたか？

1 好きなこと、得意なことの棚卸しをしてみましょう

趣味・特技	
お仕事内容	
資格	
ほめられたこと	
教えてほしいと頼まれたこと	
将来の夢	

2 お教室開業に向けて身につけたい資格やスキルを書いてみましょう

3 お教室開業に向けて今からできる準備を書いてみましょう

Chapter
2

まずは大事なお教室のコンセプトづくり

Section
2-01

お教室のコンセプトづくり

なぜお教室を開きたいと思いましたか？

Chapter2ではお教室のコンセプトづくりを行なっていきます。お教室のコンセプトとは、お教室の特徴や生徒さんのイメージのことで、「どんなお教室ですか？」の答えと考えてよいでしょう。

コンセプトづくりでまず取り組みたいことは、お教室を開きたい理由をはっきりさせることです。「生徒さんに最新の技術を身につけてもらいたい」「日常を忘れて、楽しく過ごしてほしい」「お教室に通って健康になってほしい」など、いろいろな理由があると思います。開業の理由を中心に置いた上で、細かなお教室のコンセプトづくりに取り組んでいくことが大切です。

もし開業の理由がはっきりしていなかったり、自己都合の理由ばかりという場合は、考え直してみましょう。自己都合の理由とは「収入を得るために……」や「今の会社を辞めるために……」など自分のことが中心で、生徒さんの視点が欠けているものです。多くの人から共感をもらえる内容でなければ、生徒さんは集まりません。自分がどうなりたいではなく、生徒さんにどうなってほしいのか、を中心に考えてみましょう。

開業した後でも大切な、お教室を開きたい理由

お教室を開きたい理由をはっきりさせておくことは、開業した後にも大切です。途中で「このままお教室を続けてもいいのかな……」と不安になった時も、開業の理由が「生徒さんの笑顔を見るため」だったことを思い出せば、生徒さんの笑顔を見るだけでやる気が起きてくるはずです。

また、他の人気のお教室の様子を見たりすると、自分のお教室に自信がなくなってしまう時もあります。そんな時にこそ、自分が開業した理由に立ち返ると、〝人は人、自分は自分〟と割り切って、自信をもってお教室を続けることができます。

お教室のコンセプトづくり

どんな生徒さんに
来てほしいか
どんな特徴の
お教室にするか
なぜ
お教室を
開きたいか
他のお教室と
どう差別化するか
生徒さんに
どう満足して
もらうか
どんな
想いをこめた
お教室名を
つけるか

POINT

“なぜお教室を開きたいと思ったか” という理由をはっきりとさせることは、お教室のコンセプトづくりの中で一番重要です。開業した後にも立ち返ることができるように書き出しておきましょう。

Section 2-02

生徒さんのイメージを絞る

どんな生徒さんに集まって欲しいですか？

皆さんのお教室にはどんな生徒さんに通って欲しいですか？　生徒さんの年代や職業など、具体的にイメージを思い浮かべることはできますか？

生徒さんには一人一人お教室に対する好みがあり、それにぴったりと応えてくれる教室を探しています。「お教室ならどこでもいい」と思っている人は少ないと言えます。

たとえば生徒さんが初心者の場合、経験者ばかりが集まる教室には行きたくないでしょうし、20代の若い人には、年配の方ばかり集まるお教室は居心地が悪いでしょう。また、資格をめざす人が望むレッスンのペースは、趣味として楽しみたい人とは違うでしょう。

お教室の好みは生徒さんの年齢、性別、職業、住まい、生活スタイル、趣味、スキル、教室に来る目的などによって異なります。好みをしっかりと理解するために、生徒さん一人一人の顔が思い浮かぶまで、具体的にイメージしてみましょう。

来て欲しい生徒さんのイメージをお教室として発信

生徒さんのイメージができたら、「このような人に集まって欲しい」というお教室のメッセージとして発信します。

「初心者歓迎のお教室」「会社帰りに気軽に立ち寄れるお教室」「最短で資格が取れるお教室」など、来て欲しい生徒さんのイメージをはっきりさせることで、生徒さんは安心して申し込むことができます。

生徒さんのイメージを絞りすぎることによって、逆に多くの人が去ってしまうのではと心配する方もいます。しかし洋服店がお客さんの世代や性別、生活スタイルなどのターゲットを絞った品揃えをするのと同じで、お教室でもターゲットを絞ることが必要です。生徒さんから選ばれるお教室になるために、生徒さんのイメージはしっかり絞りましょう。

生徒さんのイメージの絞り込み

などを考えましょう

アクセサリー教室のターゲット例

「30 ～ 40 代、幼稚園～小学校に子供が通う専業主婦。平日の昼間に、自宅の近所で習い事をしたい。教室に通う目的は、アクセサリーづくりを学んで子供や友人にプレゼントしたい。アクセサリーづくりは初心者。専門の道具などを揃えなくてもできる方法を習いたい」

お料理教室のターゲット例

「20 代女性、平日はフルタイムで働く会社員。仕事が休みの土曜に地元の駅近くの教室で習い事をしたい。教室に通う目的は、週末に友人をもてなす料理を覚えること。料理の腕は中級。少し手を加えるだけで料理の見栄えがよくなるコツを覚えたい」

POINT

“このような生徒さんに集まって欲しい” というお教室のターゲットをしっかりと示すと、生徒さんが自分に合うお教室を選びやすくなります。

Section
2-03

生徒さんがお教室を選ぶ理由

ミストアンケート結果を元に

実際にお教室に通っている生徒さんは、どのような点を重視してお教室を選んでいるのでしょうか。お教室に通っている（過去に通ったことがある）男女を対象に行なったアンケート結果を元に見ていきましょう。

まず、生徒さんがお教室を通う理由を見てみると、「お教室で新しい技術を学びたいから」をあげた方が一番多く、次に「仕事以外の充実感を得たい」「趣味を広げたい」という回答が続きました。お教室には新しい技術を学ぶ以外にも、仕事以外の趣味を広げ、生活を楽しく豊かにするために通う人が多いことがわかります。

それ以外には、「将来の独立・開業をめざすため」「仕事や生活で必要な技術を身につけるため」など、キャリアや人生設計に必要な技術を得るために通うという回答が続きました。その他、「先生との交流を楽しむため」や「人間関係を増やすため」などの回答もあり、お教室という場を楽しみに通う生徒さんもいることが見てとれます。

生徒さんから選ばれるお教室になるために

では、生徒さんがお教室を選ぶ決め手は何でしょうか？　アンケートの結果からは、レッスンの時間帯や教室の立地など、お教室の通いやすさを重視している人が多いことがわかりました。それ以外には、お教室や先生の雰囲気を重視すると答えた人も多く、体験レッスンなどで雰囲気が自分に合うかどうかをチェックしていると考えられるでしょう。

アンケート結果を総合して言えるのは、生徒さんがお教室に通う目的や決め手はさまざまであり、お教室でどのように特徴を出していくのかを決める必要があるということです。

自分のお教室ならではの工夫をして、生徒さんに選ばれるお教室づくりをめざしましょう。

お教室に通う理由と選んだ決め手は？

お教室に通う理由はなんですか？

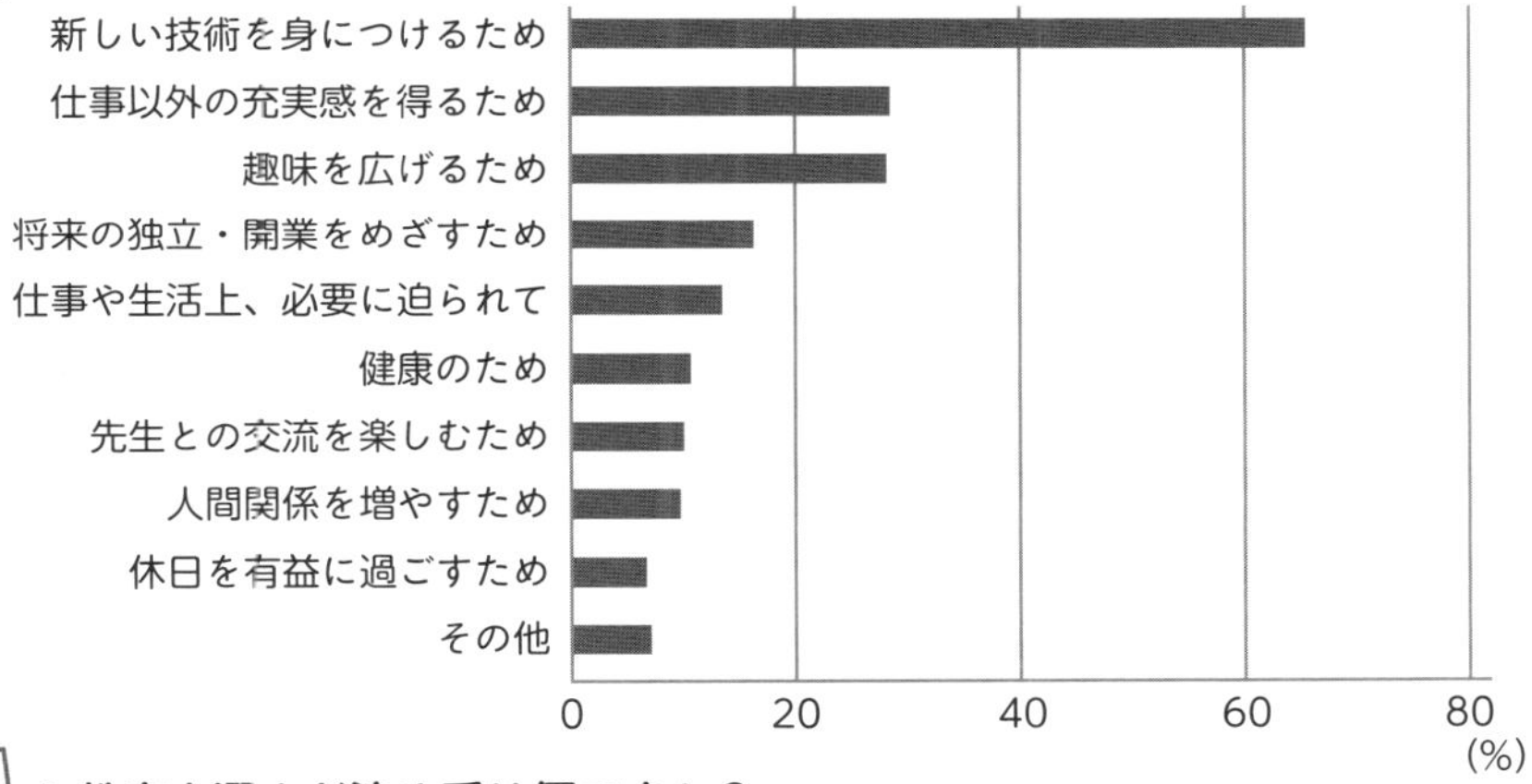

お教室を選んだ決め手は何ですか？

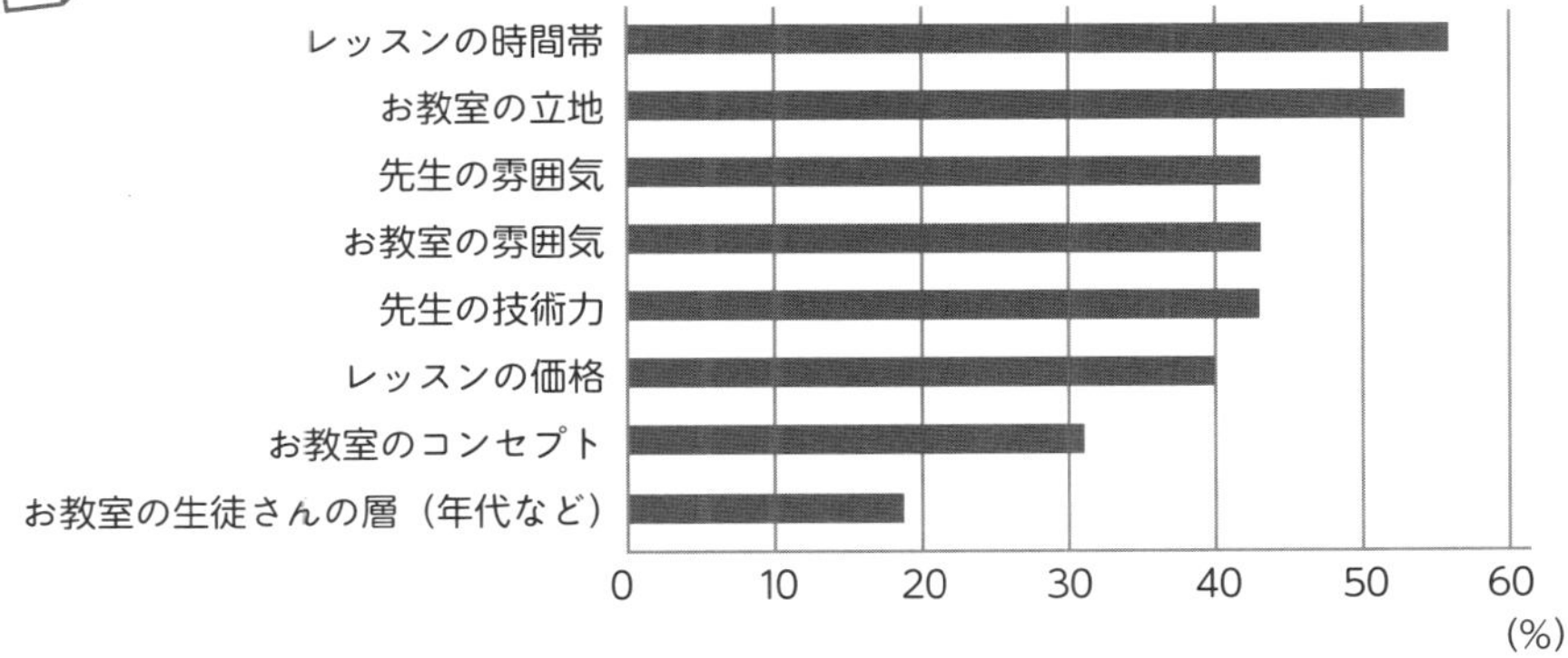

ミストアンケート結果より

POINT

お教室に通う理由として、新しい技術を身につけるためや仕事以外の充実感を得るため、が多いです。またお教室を選ぶ決め手として、レッスンの時間帯やお教室の立地、先生やお教室の雰囲気などがあがりました。

Section 2-04

お教室のセールスポイントづくり

生徒さんから選ばれるお教室になるには

生徒さんから選ばれるお教室になるためには、お教室の特徴を絞り、お教室のセールスポイントとしてアピールしていくことが大事です。でも、セールスポイントを何にすればよいのか迷う場合にはどうすればよいでしょうか？

一般的にお教室のセールスポイントは、次の4つに当てはまります。①場所や時間帯など利便性が高い、②レッスンの品質が高い、③生徒への応対がきめ細やかである、④教える内容や教え方がユニーク。

たとえば、駅近にお教室を開業し、夜遅くまでレッスンを開催しているお教室のセールスポイントは①、講師の経歴を活かした高い技術力を売りにしているお教室の場合は②となります。また、生徒一人一人の技術レベルに応じた対応をしていたり、「子連れＯＫ」などの要望に応えているなら③、他の教室では扱わない素材を使っていたり、独自の教え方に挑戦したりしている場合は④となります。

セールスポイントは1つに絞る必要はなく、複数のポイントを組み合わせることで、さらに差別化ができます。皆さんのお教室の特徴はどれに当てはまるでしょうか？　まだ自分のお教室の特徴がはっきりしない場合は、①〜④の中で当てはまるものがないかを考えてみましょう。

講師の個性も大きなセールスポイントに

講師自身の個性もお教室のセールスポイントになります。たとえば、海外旅行が好きな講師が海外で仕入れた小物をフラワー教室に取り入れてみることは、お教室の特徴になるでしょう。またファッション業界で培った独自のデザインセンスを小物づくりに活かす、なども特徴となります。講師一人一人には必ず個性があり、異なる強みがあるはずです。お教室の顔となる講師の個性を前面に出していきましょう。

お教室のセールスポイントの例

①場所や時間帯など、利便性が高い

お教室の場所が駅近、複数路線乗り入れ
駐車場が広く取れる
多くのレッスンの時間帯から選べる　など

②レッスンの品質が高い

他のお教室にはないスキルが学べる
高いレベルの作品をつくることができる　など

③生徒さんへの応対がきめ細やかである

少人数制で行なっている
子連れOKなど、生徒さんの状況に合わせたレッスンを行なっている
レッスン後のフォローを行なっている　など

④教える内容や教え方がユニークである

他のお教室にはないメソッドを取り入れている
オリジナルの教材、テキスト、素材を使用している　など

POINT

講師自身の個性もお教室のセールスポイントになります。講師一人一人には必ず個性があり異なる強みがありますので、お教室の特徴として前面に出していきましょう。

Section
2-05

個人のお教室ならではのよさを活かす

大手のお教室と差別化するためには

お教室には、個人が自宅などで開業するお教室の他に、企業が全国展開する大手のお教室があります。大手のお教室と比べた時に、個人のお教室だからこそ出せるよさとは何でしょうか？

大手のお教室の場合、①場所や時間帯などの利便性が高い、②レッスンの品質が高いことに加えて、③価格の安さもセールスポイントにする場合が多く見られます。ターミナル駅など立地のよい場所に教室を構えることができますし、複数の講師を活用して数多くのレッスンを開催することができます。また、講師を養成する仕組みを整えてレッスンの品質を保つことができますし、素材や材料を大量購入することでレッスン価格を下げることも可能です。

個人教室のよさを前面に出したお教室づくりを

そうした強みがある大手のお教室に、個人のお教室が利便性やコスト面で対抗するのは難しいことです。大手の教室ではなく個人のお教室を選ぶ生徒さんは、次のようなことを期待しているのではないでしょうか。

「少人数制で、きめ細やかな指導を受けられる」「講師の自宅などでレッスンを受けられるので、アットホームな雰囲気でくつろげる」「一人一人の生徒の希望を聞いて、柔軟に対応してもらえる」「講師と生徒の距離が近く、講師の個性を知ることができる」

もし教室の特徴がまったく同じなのであれば、個人のお教室よりも、コストが安く品質が安定している大手の教室を選ぶ人が多いでしょう。個人のお教室は大手のお教室に近づく必要はなく、個人教室のよさを前面に出した教室づくりをすることがお勧めです。

個人教室は、講師の人柄やプロフィールに惹かれて生徒さんに選ばれる場合も多いので、どのような特徴の講師が教室を主宰しているのか、講師自身の情報もどんどんアピールしていきましょう。

個人のお教室ならではのよさの出し方

	大手のお教室が有利な点	個人のお教室が工夫できるところ
立地	立地のよい場所にお教室を構えられる	大手に比べて立地がよくないことが多いが、講師の自宅に招かれたような、居心地のよい空間づくりを演出する
レッスンの時間帯	複数の講師で、多くの曜日や時間帯でレッスンができる	レッスンの振り替えなど、生徒さんの希望に柔軟に対応する
レッスンの品質	教材やレッスンの進め方が統一されていて、一定以上のレッスンの品質が保たれる	講師の個性をいかした、オリジナルのレッスン方法を取り入れる
講師のスキル	研修やトレーニングで、どの講師も一定以上のスキルを保つ	講師の過去の作品や実績をしっかりとアピールする、講師のスキルを証明できる資格を取得する

POINT

大手の教室のレッスンスタイルやメニューに近づける必要はありません。個人教室のよさを前面に出した教室づくりをしましょう。

Section
2-06

ライバル教室を調べる

どんなお教室と見比べられますか?

皆さんのお教室に〝ライバル教室〟はありますか?　ライバルといっても、喧嘩したり競い合ったりするわけではありません。ミストのアンケート結果によると、生徒さんのうち約70%は、お教室を選ぶ際に他のお教室と見比べたと回答しています。生徒さんが他のどんなお教室と見比べているのかを知るためにも、同じ地域や同じ分野でどんなお教室があるのかを調べておくといいでしょう。

相手を知った上で、自分らしい特徴を出していく

では、もし開業を考えている地域に同じ分野のお教室があった場合はどうすべきでしょうか?　生徒さんは行きたい地域に2つのお教室がある場合、どちらかしか選べないので、どうしても生徒さんの取り合いになります。ライバルの特徴を知った上で、自分のお教室の特徴をどうアピールするかを考え、集客で負けない教室づくりをする必要があります。

また、同じ分野ですでに人気のお教室がある場合はどうでしょうか。まずはそのお教室の人気の秘密を分析してみましょう。ホームページやブログを生徒さんの目線に立って読んでみて、どうしてこの教室が選ばれるのかを考えてみましょう。ただし人気があるお教室のすべてを真似したところで、人気のお教室にはなりません。取り入れるべき所は取り入れながら、ライバルのお教室にはない自分らしさをどう出せるかを考えましょう。

人気のお教室のレッスンに参加してみるのもよい勉強になります。たとえ異なる分野のお教室でも、レッスンの進め方や生徒さんとのコミュニケーションの取り方など、学べることはたくさんあります。同じ分野のお教室に参加する場合は、同業者はお断りというお教室が多いので、開業を考えている旨を伝えた上で参加するほうがスマートです。

生徒さんから選ばれるお教室とは

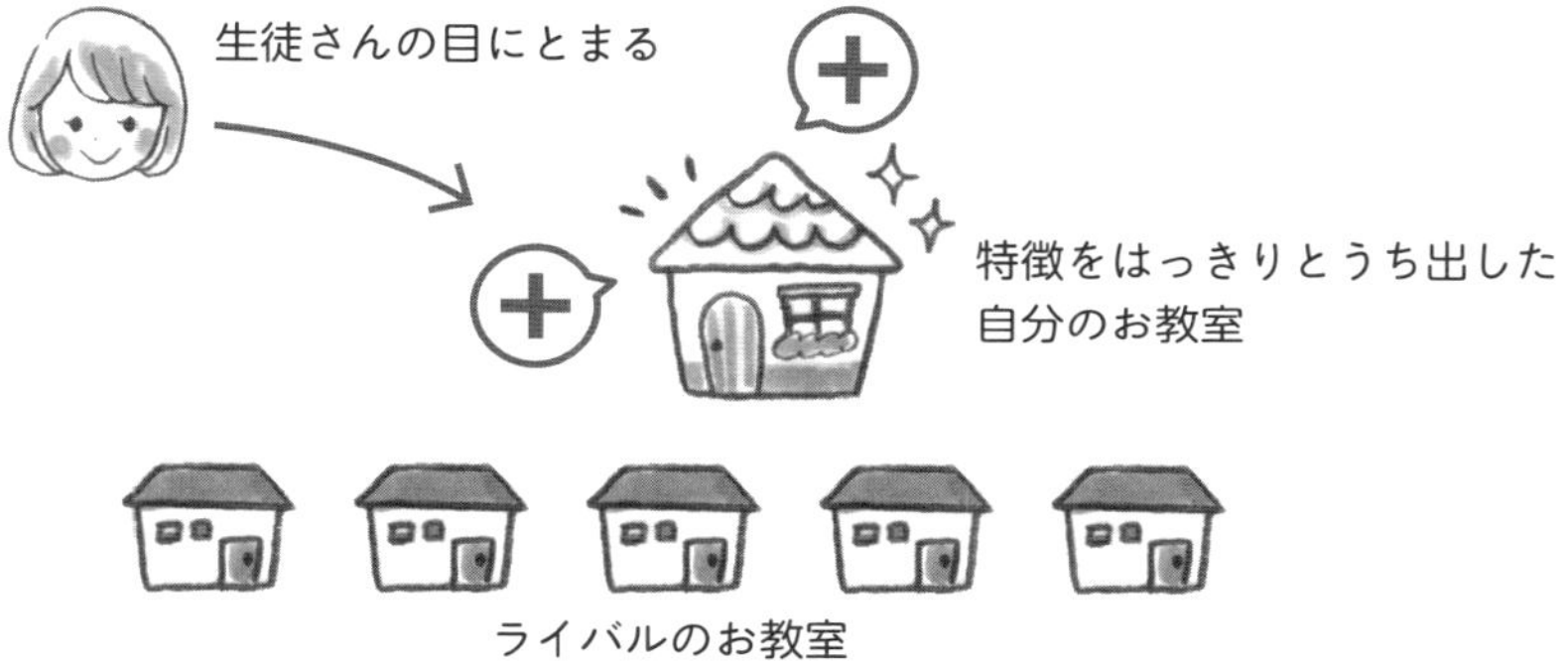

お教室を選ぶ際に、他のお教室と比べましたか？

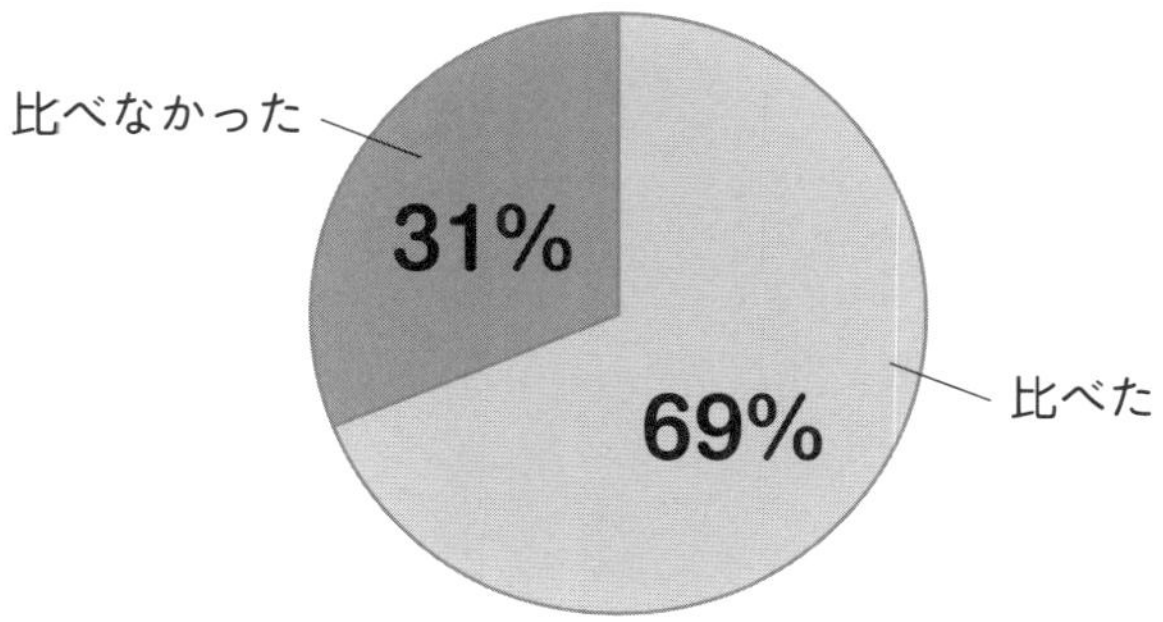

ミストアンケート結果より

POINT

お教室の開業を考えている地域に、同じ分野のお教室があるかは事前に調べておきましょう。ライバルのお教室の特徴を知った上で、自分のお教室の特徴をしっかりとアピールしていきましょう。

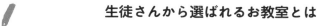

Section
2-07

お教室の名前を決めましょう

覚えてもらいやすい名前とは？

生徒さんのターゲットやお教室の特徴が決まってきたら、いよいよお教室の名前決めを行ないましょう。お教室名は一度決めたら、お教室を続ける限り同じ名前を使いますので、他の名前にすればよかったと後悔することがないよう考えてみましょう。

お教室の名前に特に決まりはなく、講師が自由につけることができます。たとえば「Happy（ハッピー）～～」や「Smile（スマイル）～～」などの単語「Cést bon（セボン：フランス語で「おいしい」）」「Grace（グレース：優美）」など、お教室の特徴や講師の想いを名前に盛り込む場合が多くなっています。

ただ、特徴や想いをすべて入れようとすると、長くて読みづらい名前になってしまう場合があります。また、あまりなじみがない単語や、難しい単語を使う場合も注意が必要です。教室名に想いを込めることは大事ですが、生徒さんの覚えやすさも考慮して決めるのがよいでしょう。長い名前よりは短い名前、読みづらい名前よりは読みやすい名前を意識しましょう。

同じ名前のお教室があった場合は……

候補のお教室名をいくつかあげた時点で、同じ名前のお教室が他にないかどうかホームページで検索してみましょう。他で商標登録されていない限りは、法律的には同じ名前を使っても問題はないのですが、生徒さんにとって紛らわしいので同じ名前は避けるのが無難です。

私が主宰するお教室開業サービスの名前は「ミスト」ですが、コンセプトである「自分らしさ」を英語にした〝My Style〟の最初4文字（Myst）からつけました。「ミスト」という名前がシンプルで覚えてもらいやすいということ、同じ名前が使われていなかったことが決め手でした。よい名前にめぐり合うまで、いろいろな名前を考えてみましょう。

先輩講師に聞いた、お教室名の由来

二子玉川マクロビオティックお料理教室「Smile Dish」

「『食べたら、身体も心も元気になって、自然に笑顔がこぼれちゃうようなお料理を皆様と一緒につくりたい』そんな思いで名づけました」(90 ページ)

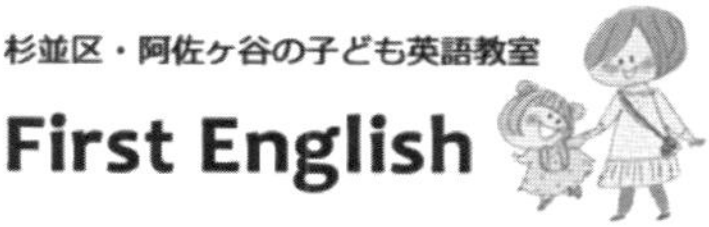

杉並区阿佐ヶ谷の英語教室
「First English」

「はじめて英語に触れるお子様が無理なく楽しんで、確実に英語を身につけていって欲しいという思いを込めてつけました」(112 ページ)

北九州のおうちパン教室「coucou」

「クゥクゥとはフランス語でやぁ、こんにちはなど気軽な挨拶の意味があります。気軽にお教室に来て欲しいという想いを込めました」(48 ページ)

溝の口アクリナージュ教室
「Chérie Maman」

「Chérie は、フランス語で愛しい女性への呼びかけ、Maman は「ママ」です。ママがつくった作品とともに満たされ、ご家族が笑顔に、という願いを込めています」(30 ページ)

POINT

お教室の名前には講師の想いをこめるとともに、生徒さんにとっても呼びやすく覚えやすい名前を選ぶとよいでしょう。

お教室講師の先輩
Interview
❷

Q. お教室のコンセプトを教えてください

coucou はフランス語で“やぁ、こんにちは”など気軽な挨拶な意味があります。
“Café スタイル”をテーマに、カフェに行くようにパンづくりを楽しめる。そんな幸せな時間を提供できればと思っています。

Q. どんな生徒さんが集まっていますか

20 ～ 40 代の女性が中心で、北九州市にお住まいの方が多いですが、遠く山口などからお越しいただく方もいます。パンづくりを覚えて自宅でもつくりたいという方と、お教室でのパンづくりの雰囲気を楽しみたいという方が半々くらいです。またパンづくりだけでなく、パンと一緒にお出しする野菜たっぷりのランチを楽しみにしてきてくださる方もいます。

Q. パンづくりに天然酵母を取り入れた理由を教えてください

時間がかかって難しいと思われがちな天然酵母パンですが、ほのかな甘みや酵母の香り、もちもちとした食感など、手間をかけてつくったパンのおいしさを知ってもらいたいと思っています。また天然酵母は基礎さえわかってしまえば、自分のペースでパンづくりを進めることができるよい点もあります。coucou の生徒さんの中には、イーストでパンを焼いていたけれど天然酵母に挑戦してみたいとお越しくださる方も多く、お教室の特徴の 1 つになっています。

Q. お教室の専用スペースを設けてレッスンを行なうようになった経緯を教えてください

はじめは他のお教室とのコラボレッスンからスタートしたのですが、もっとパンづくりの楽しさを広げたいと思うようになり、2012 年に自宅を改築して、教室専用スペースをオープンしました。専用スペースを設けることで、自宅のお教室とは違うカフェのような雰囲気の中でパンづくりを楽しむことができるので、生徒さんに大変好評です。

Q. coucou のブログにはいつもおいしそうなパンの写真があがっています。集客で工夫をしていることを教えてください。

お教室にはブログを見てお越しになる方も多く、よく更新するようにしています。おいしそうな写真が撮れるように、フォトスタイリングのレッスンにも通って撮影のスキルを勉強しました。ブログの他にも、お教室に来てくださった生徒さんの口コミでも集客が広がっています。講師として気をつけていることは、あまりでしゃばりすぎず、生徒さん同士の会話も見守りながら、レッスンにお越しいただいた方全員がその場を楽しめるようにということです。元々人を楽しませ、おもてなしをすることが好きなので、楽しくリラックスしてもらえる空間づくり心がけています。

お教室名：おうちパン教室 *coucou クゥクゥ *
レッスン内容：天然酵母パン教室、イーストパン教室
講師名：大竹直子さん
HP：http://www.coucou-cafe.com
場所：福岡県北九州市
1 回あたりのレッスン人数：4 名～ 6 名
レッスン単価：1 レッスン 4,500 円から（天然酵母 basic コースの場合）

☑ お教室開業までのチェックシート②

□生徒さんのイメージの絞り込みはできましたか？

□お教室のセールスポイントは決まりましたか？

□お教室の名前は決まりましたか？

1 お教室を開きたい理由を書きましょう

2 生徒さんのイメージを書き出しましょう

年齢・性別	
住まい	
職業	
趣味	
スキルレベル	
お教室に来る目的	

3 お教室のセールスポイントを書き出してみましょう

Chapter
3

お教室をどこで開くか考えましょう

Section
3-01

自宅、賃貸物件、レンタルスペース メリット・デメリット

お教室をどこで開きますか?

お教室を開くにあたって決めるべきことの1つが「お教室をどこで開くか」です。いつかはあこがれの場所で、好きなインテリアに囲まれたお教室を開きたい、という夢がある方も多いでしょう。その夢を実現するために、まずはどこでお教室をスタートすべきかを考えてみましょう。

お教室を開く場所の選択肢としては、自宅、賃貸物件、レンタルスペースなどが考えられます。また、カルチャースクールやカフェで教室を開く方もいます。コストの面では、自宅の一室なら場所代がかからないという大きなメリットがあります。移動時間もかからないため、家事や子育て、介護などとお教室の仕事を両立したい方にもお勧めです。

自宅での開催ができない場合は、お教室目的の使用が許されているビルやアパートの一室を借ります。自宅とお教室を切り離すことができて、自分好みの内装に仕上げることもできますが、毎月の賃貸料や、敷金等の初期費用がかかるなど、コスト面で負担が大きい方法です。

レンタルスペースを活用して固定費を抑える

他にも検討したいのが、レンタルスペースの活用です。最近は駅近など好立地なレンタルスペースが増えている上に、キッチン付きや畳敷きなど、さまざまな特色をもったスペースも登場しています。お教室の集客が安定するまでレンタルスペースを利用し、コストを抑える運営方法もお勧めです。

その他に、カルチャースクールやカフェなどの一角で教室を開催できるところもあります。お教室での売上は主催者と分けられるため、収益はあまり期待できませんが、チラシを置いてもらえるなど集客に協力してもらえることが多く、お教室をはじめたばかりで知名度がない場合に有効です。

場所によるメリット・デメリット

	メリット	デメリット
自宅の一室	コストがほぼかからない。自分のペースで働きやすい。講師の自宅に招かれているという特別感が演出できる	生活空間との切り分けに工夫が必要。プライバシーの観点から住所を公表しづらい。立地がよくない場合がある
賃貸物件	内装などを自由に演出できる。プライベートと切り分けることができる	お教室を開いていない時でもコストがかかる。初期費用がかかる
レンタルスペース	時間単位で借りられるのでコストを抑えられる。立地がよい場合が多い	共有スペースなので、自分のお教室らしさの演出は難しい。毎回レッスン道具を運ぶのが大変
カルチャースクール	集客はカルチャースクール側で行なってもらえることが多い。設備が整っている	レッスン価格が安めに設定されることが多い
カフェの一角など	チラシを店に置くなど、集客をサポートしてもらえることが多い	売上はお店と折半になることが多い

POINT

お教室は自宅で開く他にも、賃貸物件やレンタルスペースなどいろいろな選択肢があります。お教室の特徴や規模などにあわせて選びましょう。

Section
3-02

お教室の立地選び

郊外型・街中型、どちらがよいですか？

自宅や賃貸物件など、どんな場所でお教室を開くかが決まったら、次にお教室の立地を考えましょう。

生徒さんがお教室を探す場合、立地はどのくらい決め手になるのでしょうか？　ミストのアンケート結果によると、お教室に通ったことがある人の60％が「教室を選ぶ時に、教室の立地は重要だった」と回答していて、53％の人が「自宅または職場から45分以内で通える教室を探した」と答えています。

では駅からお教室までの距離は、どう影響するでしょうか。同じアンケート結果では、お教室に通ったことがある人の70％が「駅から10分以内の教室を選ぶ」と回答しています。ただ内訳を見ると、郊外や住宅街の場合、街中の教室に比べると、駅からの距離はそれほど影響がないという結果です。また、自動車が主な交通手段の地域では、自動車でのアクセスのよさや駐車場の確保も重要です。

郊外のお教室、街中のお教室に集まる生徒さんのタイプ

立地によって、生徒さんのタイプも変わってきます。郊外や住宅地のお教室の場合、バスや電車で通える近所の住人が集まりやすい一方、街中から通う会社員などの数は少なくなります。一方で、街中にお教室を構える場合、電車でアクセスしやすい場所に自宅や職場がある人が主な生徒さんになります。

いずれの場合も、複数の路線が乗り入れるターミナル駅に近い場合は、路線の数だけ生徒さんの層が広がり、より集客に有利になります。

自宅で開業する場合は立地を変えられないので、地域の特徴を考えて、それに合わせたお教室の運営をめざしましょう。一方でこれから賃貸物件やレンタルスペースを借りる場合は、自分のお教室に一番合う地域はどこなのかを検討しましょう。

生徒さんは何を重視している？

自宅または職場からどのくらいの距離までのお教室を選びますか？

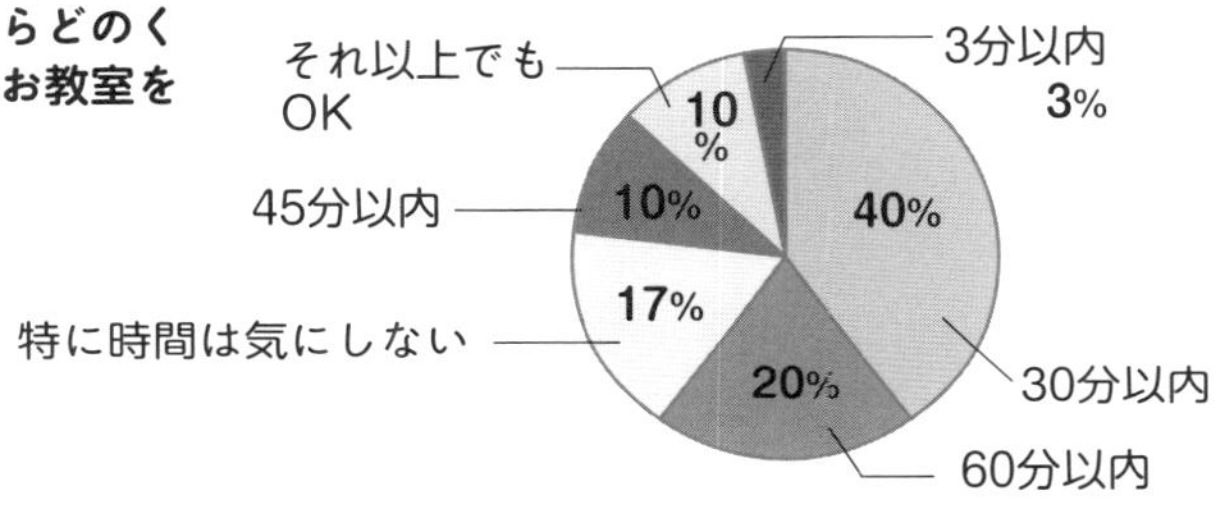

最寄駅からお教室までの距離はどのくらいまでの所を選びますか？

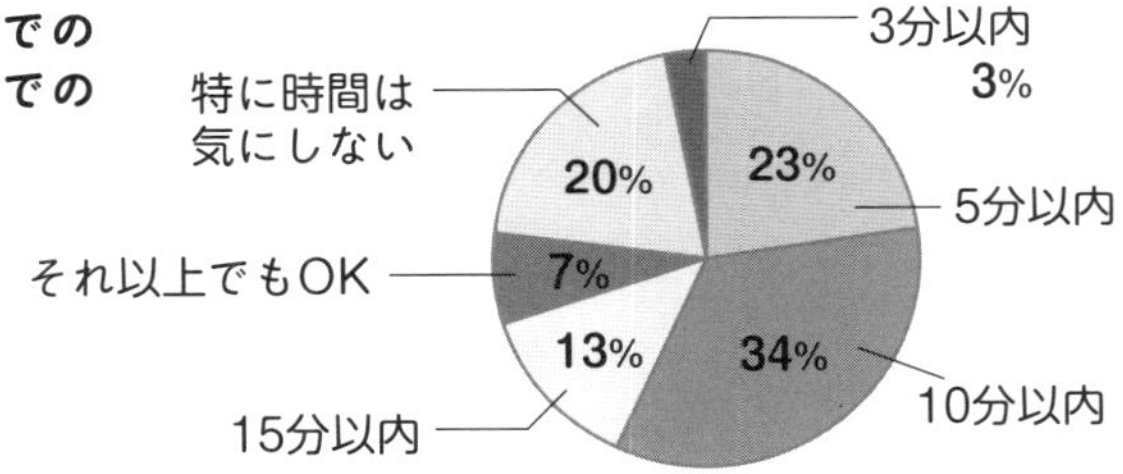

ミストアンケート結果より

立地別生徒さんのタイプ例

		郊外・住宅地の教室	街中の教室
平日	昼・夕	近所の主婦・シニア、子連れのママ、子供の習い事など。	近所の主婦・シニア、自営業や開業をめざす人など。
	夜	帰宅途中に立ち寄る会社員（集客が難しく、定休にするお教室も）。	帰宅途中に立ち寄る会社員など。
土日祝日	終日	土日休みの会社員、子供の習い事など。	土日休みの会社員、自営業や開業をめざす人など。

POINT

お教室の立地にとらわれず遠方から生徒に来てもらうためには、どうしてもその教室に通いたいと思ってもらえる、お教室の魅力づくりに力を入れましょう。

Section
3-03

自宅で開く時の注意点

どんなトラブルが起きやすいですか？

場所代がかからない、自分のペースで働きやすいなど、メリットが大きい自宅教室。では、自宅でお教室を開催する場合にどんな点に気をつければよいでしょうか。

まず自宅で開く場合は、賃貸物件やレンタルスペースと比べて、駅からのアクセスなどがよくないケースが多いため、はじめて来る生徒さんが道に迷わないように、事前に駅からのアクセスをご案内し、玄関には教室の看板や作品など目印になるものを飾っておくとよいでしょう。セキュリティの観点から住所を公開したくない場合は、ホームページやブログには最寄駅のみを公開します。

避けたい ご近所とのトラブル

自宅のお教室で一番避けたいのは、ご近所とのトラブルです。近所からクレームがあがりやすいタイミングはレッスン中ではなく、実はレッスンの開始前と終了後。

よくあるのが「レッスン開始前や終了後に、玄関前やホールに生徒が集まって騒がしい」「マンションのエレベーターが独占される」「生徒の自転車や車が邪魔になる」といったものです。

こうしたトラブルを避けるために、レッスン前後は速やかに移動してもらうことや、自転車や車で来た場合のルールを決めるなど、生徒さんに協力をお願いしましょう。また、普段から近所の方と良好なコミュニケーションを保つことも大事です。

また自宅には、多くの人が出入りするようになります。講師の私物はすべて収納し、万が一見当たらなくなった場合にも生徒さんを疑わなくて済むようにしましょう。

自宅お教室のレイアウト例

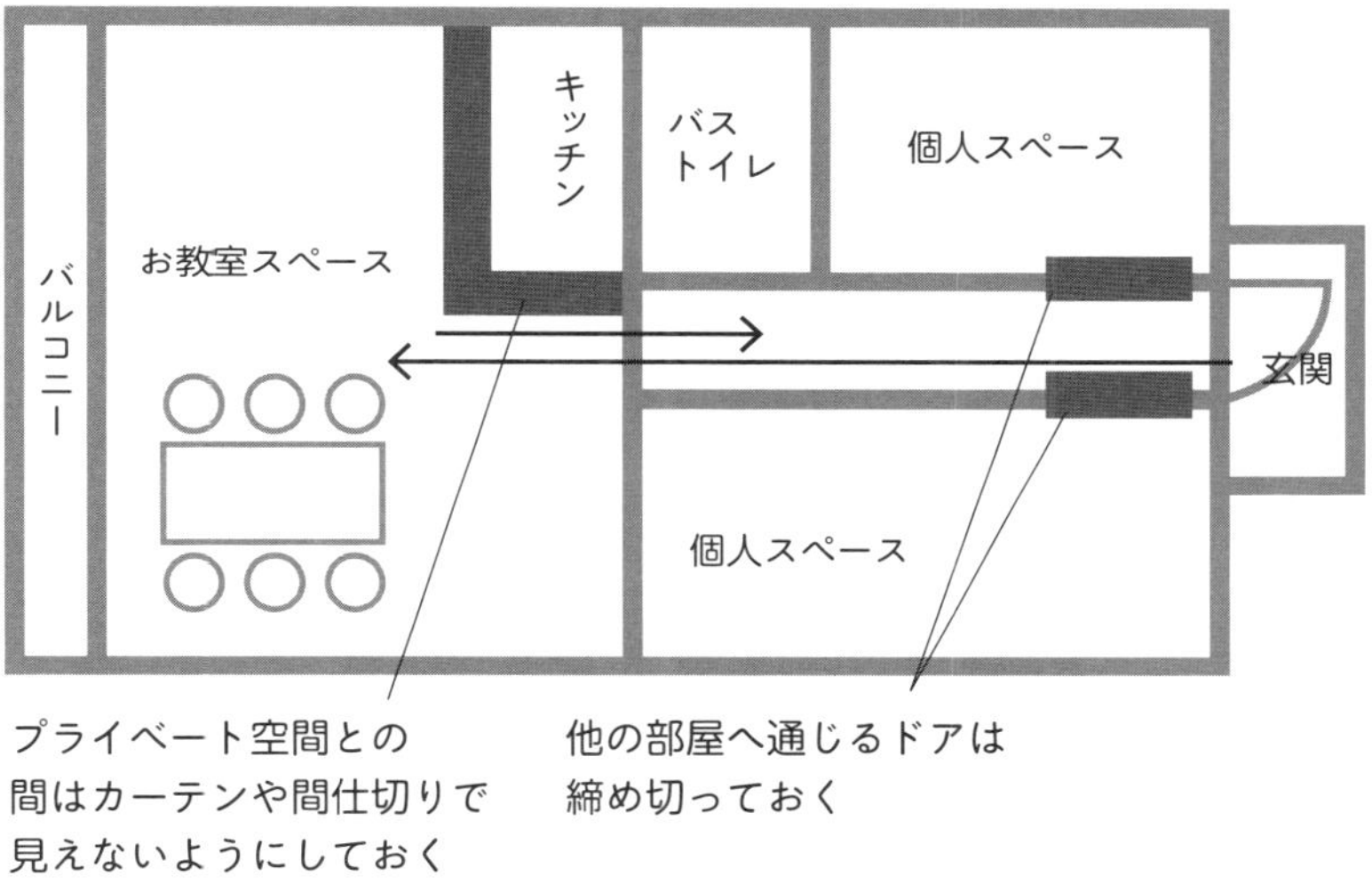

お教室スペースにするのは、玄関からスムーズにご案内できて日当りがよい部屋がよいでしょう。玄関からの導線上に寝室など個人スペースがある場合はドアに鍵をかけるなどして、生徒さんが開けて気まずい思いをしないように気配りしましょう。またレッスン中に生徒さんがお手洗いを使いやすいように、廊下は整理整頓しておきましょう。

POINT

自宅でお教室を開く場合は、普段から近所と良好なコミュニケーションを保ち、ご近所トラブルにならないように工夫しましょう。車で来た場合のルール決めなど、生徒さんにも協力をお願いしましょう。

Section 3-04

賃貸物件契約の注意点

どんな点に注意すればよいですか？

次に、賃貸物件を借りる場合の注意点を見ていきましょう。

お教室の場所探しでは、不動産業者にお教室の計画を説明して、開業の許可がもらえるところの中から選びます。開業について黙って契約すると、最悪の場合、退去に追い込まれることもあるので注意しましょう。

一般的に、お教室の場所探しは難航しがちです。お教室のイメージを正確に伝えられず、不特定多数の人が常に出入りすると思われてしまうと、条件に合う場所をなかなか提案してもらえません。お教室の計画書を用意して不動産業者に見せるなどの工夫が必要です。

場所が見つかったら、入居の審査があります。審査は主に保証会社によって行なわれ、前年の確定申告書などで家賃の支払い能力をチェックされます。開業したてで教室の利益が少ないと、個人の預金通帳の提出や、保証人を立てることを求められることもあります。

月々の賃料以外にもかかるコストに注意

賃貸にかかるコストにも注意が必要です。月々の賃料だけを気にしがちですが、契約時に必要な初期費用や退去時の費用も確認しましょう。契約時の主な費用には「保証金（敷金）」があり、住居目的と比べて高く設定されているのが一般的です。場所によっては「償却金」という退去時に支払う費用が必要な場合もあります。

契約内容もしっかり確認しましょう。たとえば退去に関しては、事前にオーナーに通知する必要がありますが、その「解約予告期間」が3ヶ月や6ヶ月など、住居目的よりも長く設定されていることが多いので、期間を確認しておきます。この期間が長ければ長いほど、急な事情で教室をやめる場合、すぐに退去することができなくなります。

賃貸でよく使う用語集

保証金（敷金）とは

賃料の滞納や損害賠償などを想定して契約時に物件のオーナーに支払う費用で、相場は賃料の３～６ヶ月分です。契約を解除する時に基本的に払い戻されます。

償却金とは

物件の契約を解約する時に保証金から無条件で差し引く金銭のことで、礼金と似たものです。相場は賃料の１～２ヶ月分で、償却なしの物件もあります。

保証会社とは

賃料の滞納時に保証をする会社のことで、利用するには保証料の支払いが必要です。開業したばかり等で信用が不足している場合、保証会社を利用することで物件が借りられることがあります。

解約予告とは

物件を退去することをオーナーに通知することで、その期間は物件により異なります。一般的には解約の３～６ヶ月前で、それより前に解約する場合は期間までの賃料を支払う必要があります。

原状回復とは

移転する際に入居前の状態に戻すことで、設備や備品の撤去や、天井や壁の張替えなどが必要となり、工事は契約満了までに終了させる必要があります。

（相場や期間は物件や地域によって異なる場合があります）

POINT

お教室の物件探しは時間がかかる場合もあります。慌てて物件を決めることがないように、余裕をもってスタートしましょう。

Section
3-05

レンタルスペースの活用法

スペースの上手な探し方とは

街中を中心にレンタルスペースが増えています。以前では借りるのが難しかった人気の場所にもレンタルスペースが増え、時間単位で簡単に借りられるようになりました。開業場所の選択肢の1つとして、レンタルスペースの活用も検討してみましょう。

レンタルスペースを利用する一番のメリットは立地のよさと低いコストです。まず立地面では、ターミナル駅近くなどアクセスのよい場所でお教室を開くことができます。コスト面では、お教室を開催する時だけスペースを借りることで、月々発生する定額のコスト（＝固定費とよびます）を抑えることができます。

鍵の受け渡し方やキャンセルポリシーは事前にチェック

一方、レンタルスペースは他の人と共有で使用するため、気になることは事前に確認しておきましょう。特に当日の鍵の受け渡し方法や、会場のレイアウトの変更方法などは、生徒さんの前で慌てることがないように必ず確認します。また当日に何かトラブルがあった時の連絡先も控えておきましょう。

他にも確認しておきたいのは、キャンセルポリシーについてです。レッスンを急にキャンセルせざるを得ない時には、スペース側が定めたキャンセルポリシーに従います。無断キャンセルをしてしまうと信用を失い、次回以降スペースが借りられないなどのトラブルになりますので、きちんと対応しましょう。

複数のレンタルスペースを検索できるサイトを利用すれば、借りたい条件を指定して、多くのスペースを見比べることができます。またスペースの空き時間をその場で確認できたり、クレジットカードで支払いができたりするなど、使い勝手がよいのも特徴です。最近では充実したキッチンがついているスペースや、モダンな和室があるなど、個性的な場所も増えてきていますので、用途にあったスペースを探してみましょう。

レンタルスペース検索サイトのご紹介

インスタベース

https://www.instabase.jp/

シープス

https://sheeps.jp/

スペースの選び方のポイントは？

「講師の好みを中心にスペースを探しがちですが、生徒さんの中には少々おしゃれでなくても駅近で機能的な場所を求める方もいます。講座を受けたい生徒にとってどういう場所が最適かを考えて探していただくのがよいでしょう。

スペース検索サイトを利用すれば、キッチンがついているスペースなど細かな好みで絞り込みができますので、ぜひ活用してください」（株式会社シープス代表　舩木芳雄さん）

その他のお勧めサイト

- スペースマーケット　https://spacemarket.com/
- スペなび　https://supenavi.com

POINT

必要な時だけ利用することで固定費を抑えることができるのがレンタルスペースのメリットです。レンタルスペース検索サイトもうまく活用しましょう。

Section
3-06

インテリア・電化製品の準備とレイアウト

はじめに何を揃えるのがよいですか？

自宅や賃貸物件でお教室を開業する場合、どんなインテリア・電化製品を揃えるのがよいでしょうか？

ついついあれもこれもと揃えたくなりますが、開業当初で収益が安定しない状態では赤字の原因となりますし、「結局、必要なかった」というものも出てきます。まずは開業に必要な最低限のものを揃え、教室が軌道に乗るにしたがって徐々に買い足すのがよいでしょう。

お教室にどんなインテリアや電化製品を揃えているかを、生徒さんは興味深く見ています。お教室のテイストに合ったセンスのよいものを揃え、思わず〝素敵！〟と生徒さんがつぶやくような空間の演出をめざしましょう。

見落としがちなのが、レッスンでよく使う電化製品や椅子などの消耗が激しいことです。数年で修理や買い替えが発生するものとして、最初からそのコストも見積もっておきましょう。

お教室のレイアウトを紙に書いてみましょう

家電や電化製品のレイアウトを決める際にお勧めしたいのが、スペースの縦横をメジャーで測り、正確な縮尺で紙に書いてみる方法です。

たとえば実際のスペース1m分を、紙では2㎝として書いてみます。次にその紙の上に、お教室に配置したい机や椅子、電化製品などを正確な縮尺で書きこんでいきます。

こうしてできあがったお教室のレイアウト図を見れば、実際のイメージが湧きやすくなります。レッスンの時の講師と生徒さんの動きを考えながら、ぴったりと合うレイアウトを考えてみましょう。これなら家具や電化製品のサイズを間違えて買ってしまうことも防げます。

お教室ごとに必要なインテリア・電化製品の例

	インテリア	電化製品	その他道具等
料理・パン・お菓子教室（※）	収納棚・調理台・テーブル・椅子	照明器具・オーブン・冷蔵庫・レンジ	食器・調理道具・テーブルウェアなど
クラフト・手芸教室	収納棚・作業台・椅子	照明器具・ミシン・トースター・電子炉など	ヤットコ・カッター・ナイフなどの工具類
ヨガ・ダンス教室	大型ミラー・スタンド	照明器具・オーディオ器具	防音のためのマットなど
フラワー教室	収納棚・作業台・椅子	照明器具	花器・ハサミなどの工具類
語学教室	ホワイトボード・テーブル・椅子・本棚	ＤＶＤ・ＣＤプレーヤーなど	レッスンに使う道具、カード、教材など
音楽教室	テーブル・椅子・本棚	ＤＶＤ・ＣＤプレーヤーなど	楽器・防音のためのパネル・マット・教材など

※パン教室やお菓子教室など電気を多く使うお教室の場合、電気容量の確認も必要です。マンションやビルの場合は電気容量を簡単に上げられないことが多いので、注意しましょう。

POINT

開業にあわせてインテリアや電化製品をすべて揃えようとすると費用がかかります。まずは必要最低限のものを揃えて、お教室の拡大に伴って徐々に買い足していきましょう。

Section
3-07

場所がいらないオンラインレッスンについて

どんな準備が必要ですか？

お教室の場所がなくても、自宅のパソコンの前で生徒にレッスンができる〝オンラインレッスン〟と呼ばれる形式に、注目が集まっています。

オンラインレッスンでは、講師と生徒さんはインターネットを通して音声と画面でつながります。講師は生徒さんの表情を見ながら教えられるので、距離を感じることなくレッスンすることができます。英語などの語学の他、音楽やヨガ、手芸などさまざまなレッスンで活用されています。

レッスンを提供するために講師が用意するものは、パソコン、マイク、ヘッドフォン、インターネット環境のみで、場所代をかけずにお教室を開くことができるのが魅力です。英語などの語学が得意であれば、世界中の生徒さんを教えることもできます。

生徒さんにとっては、早朝や夜間など好きな時間にレッスンを受けられることや、教室への通学時間が短縮できるといったメリットがあります。また主にマンツーマンで行なわれるので、学びたい内容に絞ったレッスンを受けられることも人気の理由です。

オンラインレッスンで気をつけたいこと

一方オンラインレッスンでは、実際に会ったことがない講師と生徒さんの間でレッスンを行なうため、互いの個人情報を必要以上に開示しないことや、レッスン料の支払いをしっかりと管理することが大切です。また、お教室で実際に顔を合わせていれば簡単に解決できることも、オンラインではトラブルに発展することもあるので、注意が必要です。

オンラインレッスンを提供する講師と生徒さんをマッチングする専用サイトを利用すれば、個人情報や支払い管理、トラブル時の対応などを代行してもらえるので、講師は安心してレッスンに集中できます。

オンラインレッスンの例

出口 千穂子さん　オンライン　ベリーダンス・ヨガ講師

https://cafetalk.com/i/chihoko（講師名 Chihoko で活動中）

オンラインでお教室を開こうと思った理由は？

「普段は横浜でレッスンをしていますが、２人の子育て中なので遠方に教室を開けません。オンラインレッスンを活用すれば、インターネットを通じて、ベリーダンスやヨガの素晴らしさを伝えることができると考えました」

オンラインでレッスンをする時に工夫していることは？

「通常は生徒さんのすぐ側でレッスンを行ないますが、オンラインではそうできないので、前、横、後ろの角度から見られるようにカメラとの距離や位置、明るさも工夫しています。
ベリーダンスは独特な動きが多いので、日常の動きに例えることでわかりやすく学べる工夫をしたり、鮮やかなレッスンウエアを着て、より鮮明に映るようにしています」

オンライン習い事サイト　カフェトーク

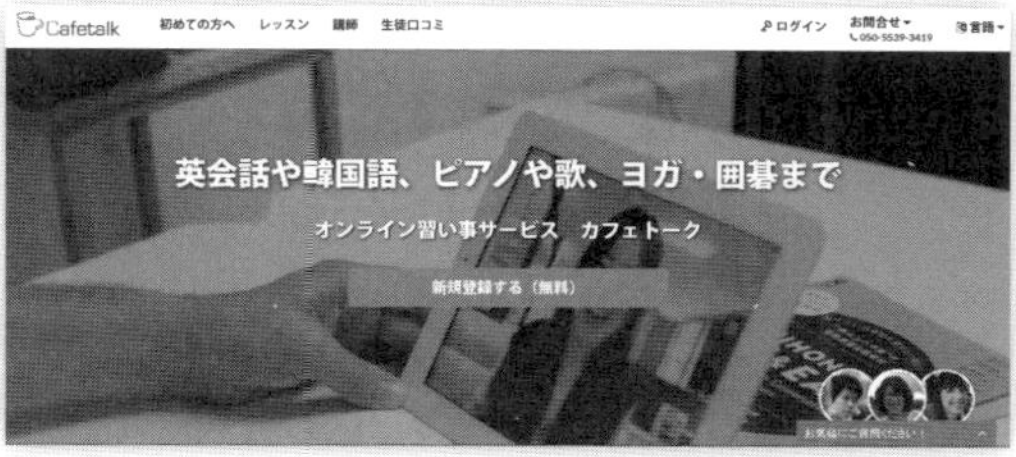

https://cafetalk.com

語学や音楽・ダンスなどさまざまなジャンルの講師と、オンライン習い事を探す生徒のマッチングサイト

POINT

場所がなくてもインターネットを通じてレッスンができるのが、オンラインレッスンの特徴です。マッチングサイトをうまく活用して、個人情報の漏洩やトラブル時の対応などのリスクを抑えましょう。

お教室講師の先輩
Interview ❸

Q. お教室のコンセプトを教えてください

いつもの食卓をちょっと素敵に。手持ちの食器で簡単にできる初心者さん向けテーブルコーディネートレッスンを行なっています。テーブルコーディネートを気軽に毎日の食卓へ取り入れる方法をお伝えしています。

Q. どんな生徒さんが集まっていますか

30～50代の女性が多く、埼玉県内を中心に、都内や千葉などからもお越しいただいています。平日は主婦の方やお教室の先生など、土日はＯＬさんや子育て中の方などが多いです。趣味を広げ、テーブルコーディネートを生活に取り入れたいという方が多いです。

Q. お教室で教えるテーブルコーディネートの特徴を教えてください

「テーブルコーディネート＝豪華な食器が必要で、自分とは違う世界」と捉えられがちですが、Table Planning Chouette ではもっと気軽に毎日の食卓への取り入れる方法をお伝えしています。IKEA などリーズナブルな食器なども使うのが特徴です。生徒さんの中にはレッスンの後に自宅でのコーディネートの写真を送ってくださる方もいて、そんな時に講師としての喜びを感じます。

Q. 中江先生がお教室をはじめるにあたり、不安だったことはありますか？

アクセスを考えて開業当初は都内のレンタルスペースを利用していましたが、２年目から埼玉の自宅で開催しています。最初は集客に不安がありましたが、いざやってみると埼玉だけでなく都内からお越しになる方も多く、安心しました。

Q. お教室の集客で日々工夫していることはありますか？

Table Planning Chouette にくれば何か面白いイベントがあると思ってもらえるように、いろいろなレッスンやイベントを開催して、Facebook やブログで告知しています。スケジュールは２ヶ月前には公開することをめざし、最新のイベントスケジュールの案内チラシは常に持ち歩くようにしています。
ブログの写真は重要だと考えているので、写真の明るさや角度に気をつけて撮影しています。ブログの記事はイベントの告知ばかりにならないように、自宅でもできるテーブルコーディネートの提案や手軽に取り入れられる料理などを紹介しています。

お教室名：Table Planning Chouette（シュエット）
レッスン内容：テーブルコーディネート教室
講師名：中江利会子さん
HP：http://ameblo.jp/tpc-tablestyle/
場所：埼玉県 東川口駅
1回あたりのレッスン人数：4名～10名
レッスン単価：1レッスン 4,800円×12レッスン
（テーブルコーディネート basic コースの場合）

☑ お教室開業までのチェックシート③

□お教室を開く場所は決まりましたか？（自宅・賃貸物件など）

□お教室の立地は決まりましたか（地域・駅など）？

□自宅・賃貸物件で開業する際の注意点はわかりましたか？

1 お教室を開く予定の地域と最寄りの駅を書きましょう

2 最初に揃える家具・電化製品と、その価格を調べましょう

名　前	価格（税込）	購入予定先
例）ダイニングテーブル	48,000 円	IKEA

Chapter
4

レッスンメニューづくりに取り掛かりましょう

Section
4-01

レッスンメニューは お教室の顔

どんなメニューを用意するのがいいですか？

お教室でどんなレッスンメニュー（コースメニュー・講座メニュー）を用意できるかは、とても大切です。雑貨店を訪れた人が品揃えからお店の個性や店主の趣味を感じるのと同じように、生徒さんはレッスンメニューからお教室のコンセプトや講師の想いを感じます。時間をかけて、しっかりと取り組んでいきましょう。

レッスンメニューを準備する際は、どのようにメニューを分ければすべての生徒さんが満足してレッスンを受けられるかを基準に考えてみましょう。たとえばスキルのレベル（初心者・中級者・上級者など）や、お教室に通う目的（趣味で習いたい、資格を取得したいなど）が異なる生徒さんを対象にメニューをつくっても、誰にも満足してもらえない内容になるでしょう。スキルレベルや受講の目的が違う生徒さんが、自分に合うメニューを見つけることができるように工夫してみましょう。

レッスンメニューのネーミングにもひと工夫

レッスンメニューのネーミングも工夫したいポイントです。メニューの名前を聞いただけで、「どんな人に受けてほしいレッスンか」「レッスンを受けることでどんな成果が出るか」が具体的にイメージできる名前がよいでしょう。

たとえば「料理基本コース」という名前より、「料理初心者さんでも安心 1時間で3品コース」という名前のほうが、レッスン内容がよく伝わります。他にも「ダイエットチャレンジコース」や「魚のさばき方マスターコース」など、思わず受けてみたくなる名前を考えてみましょう。印象に残りやすい特徴のあるネーミングのメニューを用意できれば、他のお教室との差別化にもつながります。

レッスンメニューのネーミングにもひと工夫

お料理基本コース
料理初心者さんでも安心
1時間で3品コース
私でもレッスンに
ついていけるかしら……
初心者でも安心して参加
できそう！何を学べるかも
わかりやすくて安心！

POINT

お教室の顔であるレッスンメニュー決めには、しっかりと取り組みましょう。
ネーミングも工夫して、他のお教室との差別化をめざしましょう。

Section 4-02

レッスン体系の決め方

単発・コース・月極めレッスンの違い

一般的にお教室のレッスン体系は、「単発レッスン」「コースレッスン」「月極めレッスン」に分けられます。

「単発レッスン」は1回単位で受講できるスタイルで、生徒さんは好きなレッスンを選んで気軽に受講できます。一方で講師にとってはどの生徒さんがどのレッスンに申し込むかがわからないので、長期的なスキルアップ計画が立てづらいスタイルと言えます。

「コースレッスン」とは「全○回」や「全○ヶ月」など、コースを修了するためのレッスン回数や期間が決まっているスタイルを指します。講師にとっては長期的な生徒さんのスキルアップの計画を立てやすい一方で、コース料金は高くなりがちです。一度コースがはじまれば途中でキャンセルしづらいこともあり、生徒さんの申し込みのハードルは高くなります。

「月極めレッスン」とは、「月に4回」など月ごとに決められた回数をお教室に通うスタイルで、カルチャーセンターでの習い事や子供の習い事で多く取り入れられています。

一般的に、趣味のコースなど楽しく受講してもらうことが目的のレッスンの場合は、単発レッスンや月極めレッスンのスタイルをとり、資格取得など決まったゴールを目指す場合はコースレッスン制をとる場合が多いようです。

生徒さんに長く続けてもらう工夫を

いずれのレッスン体系をとる場合も重要なのは、生徒さんのモチベーションをあげて、長く通ってもらえることです。一般的にはコースレッスン制のようにゴールに向けてカリキュラムが決まっているほうが、生徒さんのやる気を長く保つことができます。単発・月極めレッスンの体系をとる場合でも、生徒さんごとにゴールを設定してモチベーションを保ったり、上達を実感できるような仕組みづくりを考えてみましょう。

さまざまなレッスン体系の特徴

	メリット	デメリット	工夫できるポイント
単発レッスン（1回単位）	生徒さんに気軽に申し込んでもらえる	生徒さんがどのレッスンに申し込むかがわからないので、長期的な指導プランが立てづらい	• チケットをまとめて購入してもらえるように工夫する • レッスンに季節感を出すなどして、毎回来たいと思わせる工夫をする
コースレッスン（全○回・全○ケ月）	資格取得などゴールに向かって長期的な指導プランを立てやすい	コース途中でキャンセルしづらく、生徒さんにとって申し込みのハードルが高くなる	• 体験・見学などを受け入れ、申し込みへのハードルをさげる • 途中解約などの条件を明確にしておく
月極めレッスン（月に○回）	生徒さんが毎月通ってくるので、長期的な指導プランを立てやすい	生徒さんにとって、ゴールを意識しづらいことがある	生徒さんごとにゴールを設定して、長く続けるモチベーションを保ってもらう

POINT

それぞれのメリット・デメリットを押さえて、どの体系で行なうかを考えましょう。単発・月極めレッスンで行なう場合は、生徒さんに長く続けてもらう工夫を考えましょう。

Section
4-03

大事なメニューの骨格づくり

どうすれば特徴を伝えられますか？

次にレッスンメニューの骨格づくりに入りましょう。生徒さんに各メニューの特徴をしっかり伝えられるように、①どんな生徒さんにお勧めしたいか、②レッスンで身につくこと、③レッスンの工夫、の3つのポイントについて書き出していきます。

「①どんな生徒さんにお勧めしたいか」については、生徒さん一人一人をイメージしながら、なるべく細かく書き出します。たとえば単に「ヨガ初心者の方向け」だけではなく、「運動が苦手でヨガもはじめての方向け」「体が硬くてヨガレッスンについていけるか不安な方向け」など、生徒さんが「私はこのレッスンにぴったり当てはまる」と実感できることをめざしましょう。

「②レッスンで身につくこと」については、生徒さんが学べることや、期待できる効果を具体的に挙げていきましょう。レッスンでつくる作品などの成果物はもちろんのこと、レッスンで習ったことをどう生活に取り入れられるかなど、レッスン以外の場で得られる効果もあげていきます。

「③レッスンの工夫」については、講師がレッスンで特に工夫していることをまとめます。たとえば初心者向けのレッスンなら、はじめての人でもレッスンについてこられるための工夫や、初心者のスキルを伸ばすためのポイントなどをあげましょう。他のお教室のレッスンにはない工夫をアピールできれば、それがお教室の個性にもつながってきます。

各ポイントを5個以上書き出すことを目標に

①～③のポイントをしっかり書き出すことができると、レッスンメニュー1つ1つの特徴がはっきりしてきて、お教室全体の特徴にもつながります。いずれのポイントについてもまずは5個以上書き出すことに挑戦してみましょう。

ヨガ教室レッスンメニュー例

ポイント ① どんな人にお勧めのレッスンか

・ヨガ初心者
・普段から運動をしない人
・ヨガ教室に通って、途中で断念した人
・身体が固くてついていけるか心配な人
・身体を動かしてリラックスしたい人

ポイント ② このレッスンで身につくこと

・ヨガの基本動作
・ヨガの基本ポーズ
・ヨガの呼吸法
・自宅でもできる身体づくりの方法
・ヨガのポーズを生活に取り入れる方法

ポイント ③ レッスンの工夫

・初心者に合わせたレッスン速度
・生徒さん一人一人を丁寧にサポート
・初心者に難しいポイントは繰り返し練習
・ビデオで復習できる
・オリジナルテキスト付き

POINT

生徒さんに各レッスンメニューの特徴を伝えられるように、どんな人にお勧めか、レッスンで学べること、レッスンの工夫のポイントを書き出してみましょう。各ポイントを５個以上書き出すことを目標にしましょう。

Section 4-04

レッスンテキストづくり

どんなテキストが読みやすいですか？

レッスンメニューの骨格が決まったら、次にテキストづくりに取り掛かりましょう。お教室のテキストは、レッスン中に生徒さんが読んだりメモを書き込んだりする際や、レッスン終了後に自宅で復習をするために使われます。

中には、「レッスンに集中してもらいたいからテキストを配らない」という講師の方もいますが、一般的にはテキストがあるほうが、レッスンのポイントを理解しやすくなり、生徒さんの満足度が上がります。またテキストは生徒さんの手元にずっと残るもので、教室の印象を決める要因となりますので、しっかりと取り組むのがよいでしょう。

講師の個性を出した自由なテキストづくりを

では、テキストの中にはどんな内容を盛り込むのがよいでしょうか？ 基本的に個性を出して自由につくりますが、その日のレッスンで覚えてほしいポイントや、一度では覚えきれないような難しいポイントをまとめる方が多いようです。その他、レッスンのはじめから終わりまでの流れがまとめてあると、復習にも使いやすくなります。

テキストの分量についても決まりはありません。テキストに詳しく書かないことで、生徒さんにメモを取ってもらう方もいますし、逆にテキストに詳しく書く方もいます。どちらが正解というわけではないので、レッスンを進めやすい方法を選びましょう。

所属する協会がテキストを用意して、講師が自分でつくる必要がない場合もあります。ただその場合も、テキストには載っていないことで講師が大事だと思うポイントを、自分なりに紙にまとめて配布するなど工夫すれば、生徒さんはレッスンを理解しやすくなります。お教室の個性を出せるように、いろいろと工夫をしてみましょう。

お教室のレッスンテキスト紹介

プロテインスイーツ® 教室　アリエス（138 ページ）

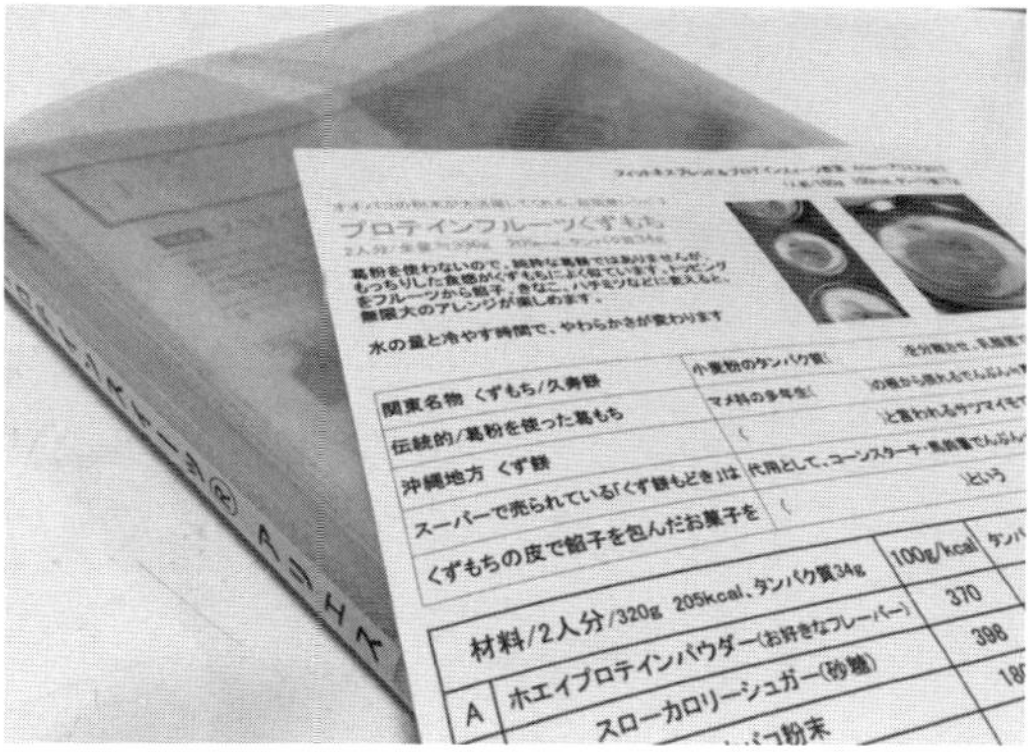

カロリー、タンパク質など栄養価計算書付きのオリジナルレシピの他に、雑誌に掲載されたレシピやインタビュー記事などのコピーがぎっしりと詰まったお教室特製のA4 ファイルがついています。

マクロビオティックお料理教室　Smile Dish（90 ページ）

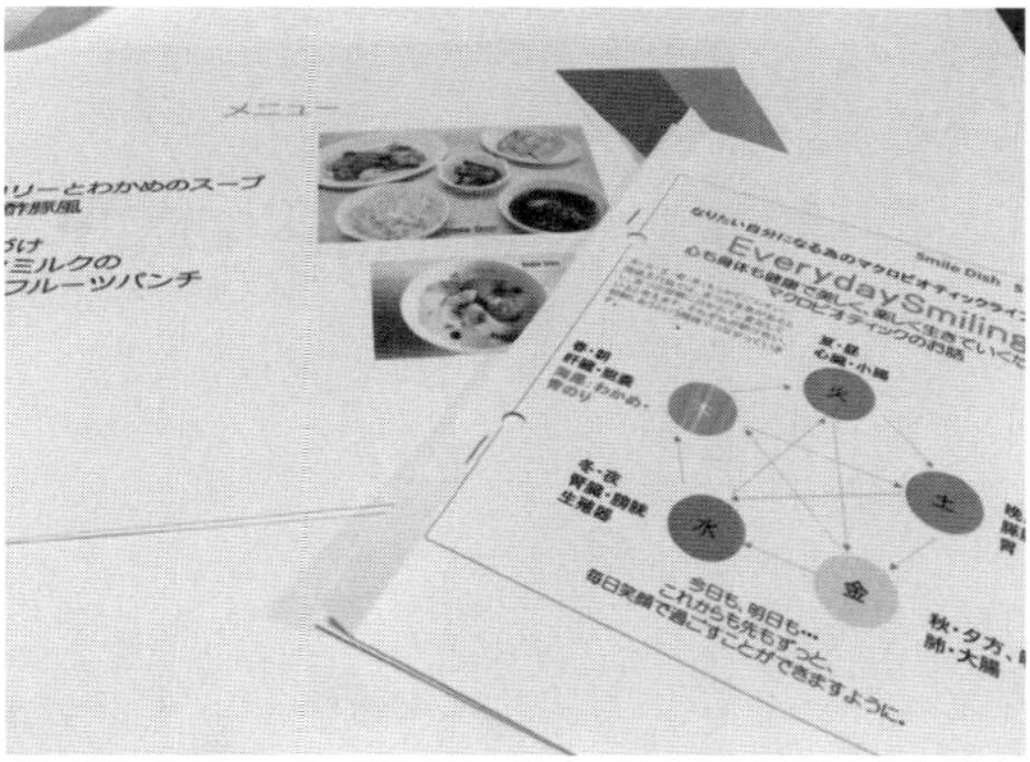

お料理レシピの他に、マクロビオティックを日常の生活に取り入れるための工夫が詰まった、お教室オリジナルの小冊子がついています。

POINT

テキストは生徒さんの手元にずっと残り、お教室の印象を決める要因となります。お教室の特徴を出せるように、時間をかけて取り組みましょう。

Section 4-05

レッスンの流れを考えましょう

どこに一番長く時間をかけますか？

次にレッスンの流れを考えましょう。一般的には、生徒さんのお迎えの後、講師がその日の流れとポイントを説明してレッスンに入ります。レッスンの最初に講師がデモンストレーションを見せ、その後は生徒さんの実技、講師による指導、レッスンのまとめを行ないます。お教室によってはその後に、試食やティータイムを設けます。

レッスンのはじまりと終わりにメリハリをつけるのがお勧めです。はじまりにはその日のレッスンのポイントや流れを説明することで、生徒さんが集中すべきポイントを理解しやすくなります。そしてレッスンの終わりにその日のまとめを伝えると、生徒さんの記憶に残りやすくなります。

レッスンの流れが決まったら、時間配分も考えましょう。どの部分に長く時間を取るのかもお教室の特徴の1つになります。一般的には、講師からの指導の時間を長くとったほうが、生徒さんの満足度は上がります。講師の話が長くなりがちな場合には、話の一部をテキストにまとめるなどして指導の時間を長くとれるように、時間の配分を工夫しましょう。

レッスンの流れを実際に試してみましょう

レッスンの大まかな流れが決まったら、実際にレッスンを行なって時間を計ってみましょう。練習ではスムーズに進んでも、生徒さんを相手にした場合は予定よりも多く時間がかかります。毎回レッスン時間をオーバーしてしまうことがないように、時間配分には余裕を持たせましょう。

生徒さんの数が多くなるほど、一人一人にかけられる時間は短くなります。生徒さんの満足度を高めるためには、適正な数を保つことが大事です。開業直後でレッスンに慣れていない間は、少人数からはじめましょう。

レッスンの流れと押さえるポイント

レッスンの流れとポイントの説明

↓ 学んでほしいポイントを
しっかりと伝えましょう

講師によるデモンストレーション

↓ レッスンテキストも活用しながら、
正しい型を覚えてもらいましょう

生徒さんによる実技

↓ 手が止まっている生徒さんがいないか、
常に気配りをしましょう

講師による指導

↓ やる気をそいでしまわないように、
「ほめて伸ばす」を心がけましょう

まとめ・試食・ティータイム

レッスン時間をオーバーしないように
注意しましょう

POINT

レッスンの大まかな流れがきまったら、実際にレッスンを通しで行なってみて、かかった時間を計ってみましょう。どの部分に時間をかけると生徒さんが満足できるかを考えましょう。

Section
4-06

実際の生徒さんの声を取り入れましょう

モニターレッスンを行なうほうがいいですか？

レッスンメニューの骨格が固まってきたら、モニターレッスンを行なってみましょう。モニターレッスンとは、通常よりも安い価格でレッスンを提供する代わりに、参加者から感想をもらって、今後のレッスンの改善につなげるものです。

頭の中でただ考えているより、モニターレッスンで実際に生徒さん相手にレッスンをしてみることで、レッスンの改善点をたくさん見つけることができます。レッスン内容を生徒さんが理解できているどうか、生徒さんにとって内容が難しすぎないか（やさしすぎないか）、レッスンの流れはスムーズか、時間配分に無理がないかなどをモニターレッスンを通じてチェックして、レッスンの改善につなげましょう。

モニターは、お教室に少しでも興味があってお教室のターゲットに近い層に依頼することで、実際の生徒さんの目線に近い意見をもらうことができます。モニターレッスンが終わったら、アンケートに記入してもらったり、ざっくばらんにその場で話を聞いてみたりしましょう。モニターで参加する方は講師への遠慮から、よい点を多く挙げがちですが、よくなかった点を引き出して改善につなげることを心がけましょう。

モニターレッスンは集客のきっかけにも

モニターレッスンは集客のきっかけにもなります。モニターに参加した方がＳＮＳなどで口コミを広げてくれることもありますし、アンケート結果をブログに掲載することで、宣伝効果も期待できます。

またモニターで満足してくれた方が、そのまま通常レッスンに申し込んでくれて、最初の生徒さんになってくれる場合もあります。モニターだからと気を抜くことなく、しっかりと取り組んでいきましょう。

モニターレッスンの流れ

1. モニターレッスン日や応募の条件、モニター価格を決める

↓

2. ブログや Facebook などでモニターを募集する

↓

3. モニターに応募いただいた方に、趣旨を説明する（アンケートをブログに公開する旨など）

↓

4. モニターレッスン当日、レッスンスタート

↓

5. モニターレッスン終了後、アンケートや感想をもらう

↓

6. いただいたアンケート結果をレッスンの改善に活かす。またブログなどで結果を公開する

POINT

モニターレッスンを行なって、生徒さんの意見をレッスンに取り入れていきましょう。またアンケートの結果をブログに掲載できると宣伝効果も期待できます。

Section 4-07

レッスンのスケジュールを立てましょう

1週間に何レッスンできますか？

次にレッスンのスケジュールを立てていきます。

ミストのアンケート結果からは60％近くの人が、「通いやすい曜日や時間帯にレッスンが受けられること」を教室選びのポイントにあげています。どんなに魅力的なお教室でも、通いやすい曜日や時間帯にレッスンがなければ、生徒さんから選ばれません。

レッスンの曜日や時間は、講師の都合だけでなく、生徒さんが通いやすいスケジュールで設定します。会社帰りのOLさんがターゲットの場合は、レッスンは平日の夕方か土日が中心に、子育て中のお母さん向けのレッスンの場合は、平日の昼間になるでしょう。生徒さんの生活のリズムを考えた上で、通いやすい時間帯でレッスンを設定します。

最近は大人向けの教室を中心に、空き席があればいつでも予約ができる〝フリースタイル制〟も人気です。たとえば平日の18時～22時までの好きな時間に来て、2時間のレッスンを受けられるというスタイルです。

生徒にとっては便利な仕組みですが、講師にとっては教室への拘束時間が長くなるデメリットもあります。

生徒さんが通いやすい曜日や時間帯をリサーチしてみる

オープンしたてで、生徒さんがどの曜日や時間帯を希望しているのかわからない場合、いろいろな曜日や時間帯のレッスンを用意してみると、一番通いやすい日時をリサーチすることができます。

なおスケジュールを考える時には、レッスンの所要時間だけでなく、準備や片づけ時間、講師の休憩時間も考えましょう。レッスンを開催しない日でも、メニューの見直しやホームページやブログでの宣伝、新しい作品の試作など、将来のためにやるべき仕事はたくさんあるので、あまりレッスンを詰め込みすぎないよう、注意が必要です。

1週間のスケジュール例

	午前	午後	夜
月曜	定休日		
火曜	ホームページ・ブログ更新作業など		夜レッスン
水曜	資材買い出し・教室掃除など		夜レッスン
木曜	午前レッスン	レッスン準備	夜レッスン
金曜	午前レッスン	レッスン準備	夜レッスン
土曜	午前レッスン	レッスン準備	夜レッスン
日曜	不定期イベント開催など		休み

◇その他、月ごとの仕事

レッスンスケジュール更新、売上・支払い額の帳簿つけ、仕入先への振り込み、家賃の振り込み、新作の試作、イベント企画など

POINT

生徒さんにとって通いやすい曜日や時間帯に合わせてスケジュールを組みましょう。開業したばかりでわからない場合は、さまざまな曜日や時間帯のレッスンを用意して、生徒さんが一番通いやすい日時をリサーチしましょう。

Section
4-08

納得感のあるレッスン料の設定方法

高くすべき？　安くすべき？

お教室づくりで重要な決めごとの1つがレッスン料の設定で、多くの講師の方が頭を悩ませます。

もし、開業する地域に同じ分野の教室があり、そのレッスン料が1回4000円の場合、皆さんのお教室のレッスン料はいくらにすべきでしょうか？　もちろん3000円でも5000円でも問題はありませんが、大切なことは、生徒さんに納得感をもってもらえるかどうかです。

ミストのアンケート結果によると、お教室に通う人の約40%が、教室の決め手としてレッスン料をあげています。レッスン料は高いよりも安いほうが喜ばれるため、他よりも高く設定することは、生徒さんを逃してしまうリスクにつながります。

一方で「こだわりの材料を使っている」「他のお教室よりも高い技術を提供している」など、お教室のこだわりがレッスン料に見合うと感じてもらえれば、たとえ高い価格をつけても生徒さんは集まります。大事なことは、何となく価格をつけるのではなく、つけた価格に対して生徒さんに納得感をもってもらえるように、お教室のこだわりもしっかりとアピールしていくことです。

レッスン料を安くすることの落とし穴

逆にレッスン料を安く設定する時は、材料費や講師の手間を計算して赤字にならないように注意しましょう。「たとえ赤字でも喜んでもらえるなら」という方もいますが、レッスン料が安いと一時的には生徒に喜ばれても、長くお教室を続けることができず、結局生徒さんの希望に応えられません。

適正なレッスン価格をつけて利益を出すことで、長期にわたって生徒さんによりよいレッスンを提供する（より便利な場所にお教室を移転する、新たな設備を購入するなど）ことにつながります。

レッスン料へのこだわりの乗せ方

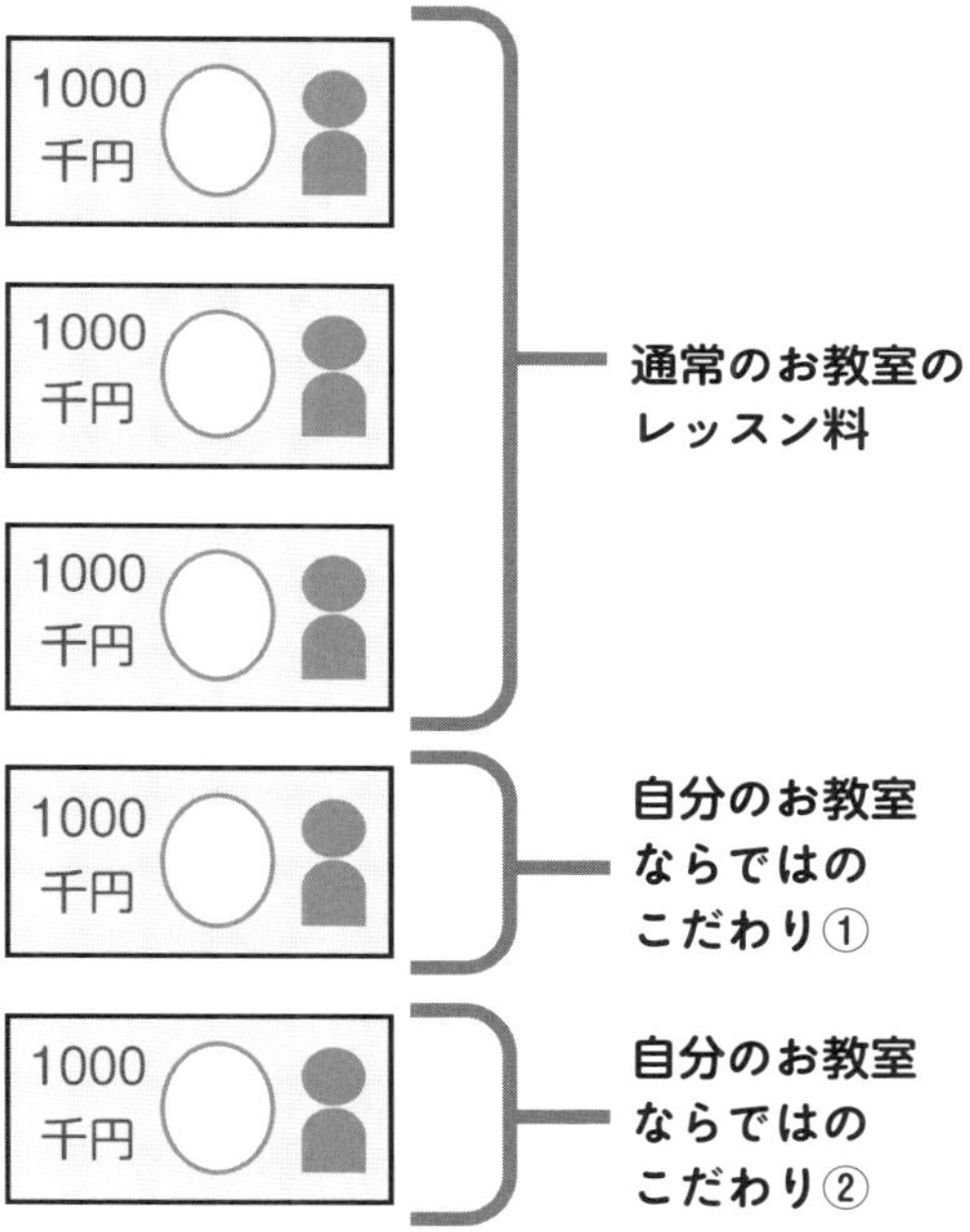

お教室ならではのこだわりの例	「高い技術力をもつ講師が教えます」 「お教室独自のメソッドでレッスンを行ないます」 「自宅で復習するための素材や材料を持ち帰ることができます」 「他にはない雰囲気の場所でレッスンを行ないます」 「少人数制で、しっかりと指導します」 など

POINT

レッスン料は安ければよいというわけではありません。自分のお教室ならではのこだわりをたくさんつけて、レッスン価格に反映できるようにしましょう。

Section
4-09

体験レッスンを設けましょう

申し込みにつながる体験レッスンとは？

ミストのアンケート結果によると、お教室に通う66％の人が、「実際に通いはじめる前に体験レッスンを受けた」と答えています。ぜひ、通常のレッスンとは別に体験用のレッスンを準備しておきましょう。

体験レッスンの目的は、お教室に通う前の生徒さんの不安を払しょくして、通常レッスンの申し込みにつなげることです。お教室に通う前の生徒さんは、どんな不安を感じているのでしょうか？

「自分のスキルと比べてレッスンが難しすぎ（やさしすぎ）たらどうしよう」「講師や他の生徒と相性が合わなかったら嫌だな」「お教室の雰囲気が自分には合わないかもしれない」「ホームページに載っている価格以外に必要な出費があるかもしれない」などが、一般的な不安と言えるでしょう。

これらを解消するために、生徒さんは体験レッスンを受けます。講師は通常レッスンと同じように進めるのではなく、生徒さんが不安に思っていることをうまく引き出し、体験レッスンの中でその不安が解消できるように工夫しましょう。体験レッスンでの印象が、申し込みにつながるかどうかを左右するため、体験だからと気を抜くことなく生徒さんに接するようにしましょう。

体験レッスン荒らしを防ぐために……

残念ながら最近は〝体験レッスン荒らし〟という言葉も聞きます。通常レッスンを受けるつもりがないまま、無料や安価な体験レッスンを探して受け続ける生徒さんのことです。せっかく時間を費やして体験レッスンを行なっても、生徒さんが本気でなければ残念な気持ちになってしまいます。体験レッスン荒らしを防ぐためには、安すぎるレッスン価格にせず、適正な価格に設定するとよいでしょう。

体験レッスンを設ける意味

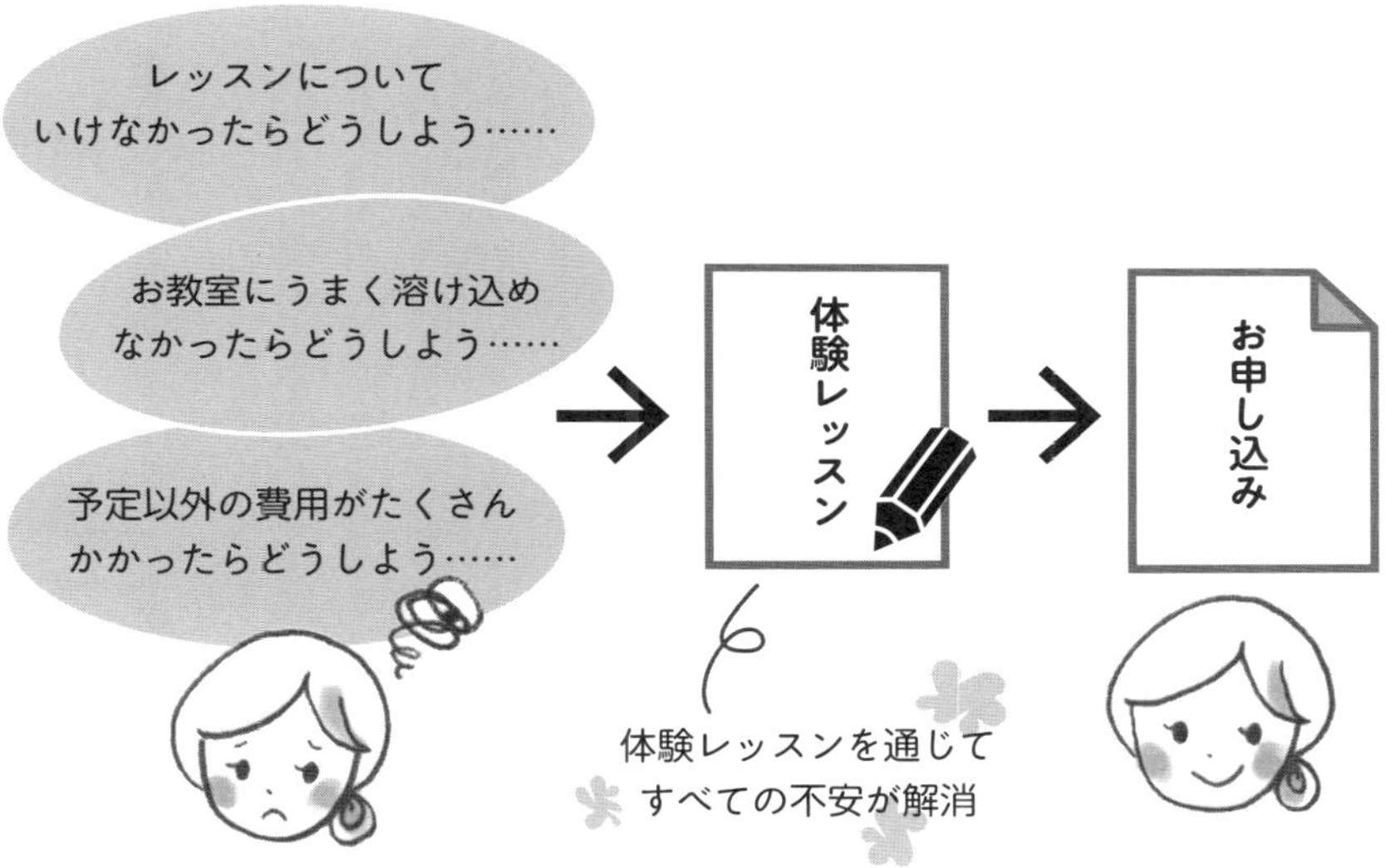

お教室を選ぶ際に、見学や体験レッスンは受けましたか？

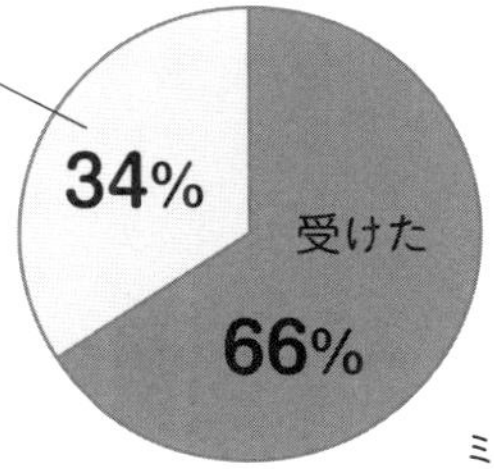

ミストアンケート結果より

POINT

体験レッスンを設けて、お教室に通う前の生徒さんの不安を払しょくし、レッスンの申し込みにつなげましょう。

Section
4-10

単発のイベント企画・コラボ企画にチャレンジ

どんな効果がありますか？

通常レッスンの運営に慣れてきたら、単発のイベントレッスンの企画にも挑戦してみましょう。クリスマス、バレンタイン、母の日、ハロウィンなど、人がいつもとは違うことに挑戦したくなるイベントに合わせてレッスンを企画してみるとよいでしょう。

イベントレッスンを企画することで、生徒さん以外の人にお教室を知ってもらうきっかけになります。通常レッスンを受けている生徒さんにとっては、普段と違うスキルを得られる機会となり、レッスンを続けるモチベーションが上がります。

イベントレッスンは通常のお教室の場所で行なう方もいますし、レンタルスペースなどを活用する方もいます。場所を変えることで今までとは違うターゲットの生徒さんに来てもらえる可能性があります。ただし、スペースを変えることで通常のレッスンほど十分な設備が整っていないことが多いのと、参加者の多くが初心者になるため、レッスン時間を通常より短く、レッスン内容を簡素化するなどの工夫も必要です。

違う分野の講師とのコラボレッスンにもチャレンジ

普段は一緒にレッスンをすることがない、違う分野のお教室とコラボレッスンをしてみることもお勧めです。たとえばベビーマッサージ教室とパン教室がコラボイベントを企画して、パンの発酵待ちの時間にベビーマッサージを教える、などの企画も面白いですね。

他のお教室とのコラボなら、互いの生徒さんに告知ができるので、イベントの集客が楽になります。またイベントをきっかけに、お互いの教室に新たに通いはじめる生徒さんもいるかもしれません。

コラボレッスンができるパートナーと出会うためにも、日頃から交流会に参加するなどして人脈を広げておきましょう。分野が違う教室の講師と交流することで、自分のお教室づくりに役立つヒントももらえます。

お教室のコラボレッスン例

テーブルコーディネート教室　Table Planning Chouette（66 ページ）主催のテーブルコーディネート　＆　フォトレッスンのコラボレッスン例

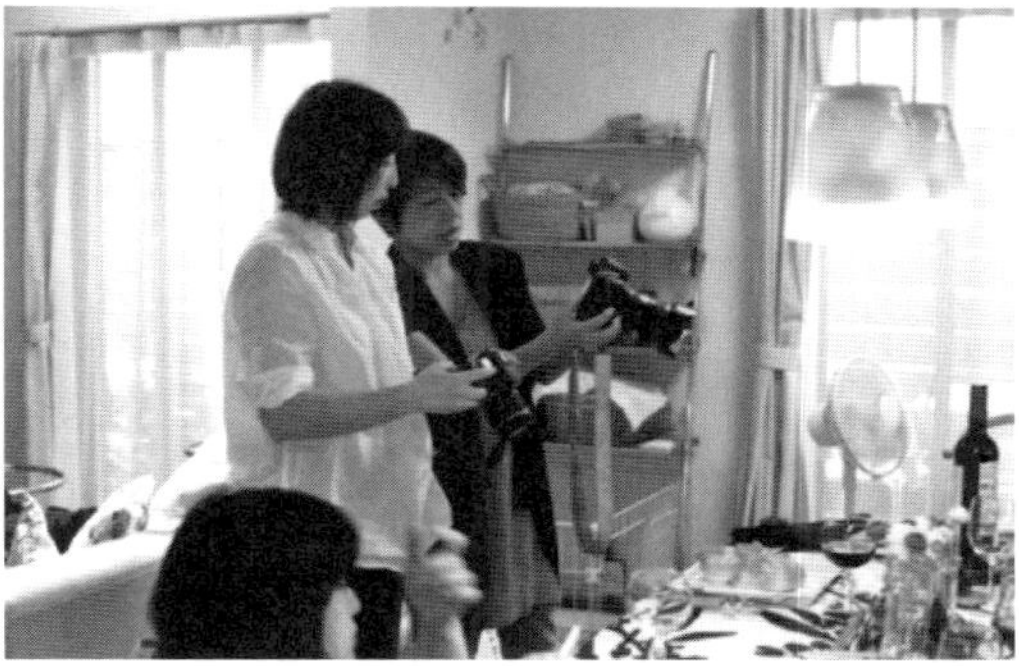

レッスンには、スマホでも一眼レフ（ミラーレス）でもご参加頂けます。
（レッスン料金が変わります）

テーブルコーディネートと写真の撮り方、両方が手軽に学べてしまうお得なレッスンです♪

オススメこんな人におススメです♪

☑ 2016年は何か新しいことをしてみたい。
☑ スマホカメラをもっと上手に使いこなしたい！
☑ 一眼レフをオートではなく、もっと使いこなしたい。
☑ 写真の撮り方のコツを教わりたい。
☑ 構図なども教えてほしい。
☑ 季節のテーブルコーディネートを見たい。
☑ 被写体の配置のコツを知りたい
☑ テーブルコーディネートされたテーブルでティータイムを過ごしたい♪

POINT

魅力的な単発のイベントを開催して、普段お教室には来ない人にもお教室を知ってもらうきっかけにしましょう。他のお教室とのコラボレッスンにもチャレンジしてみましょう。

お教室講師の先輩
Interview
❹

Q. お教室のコンセプトを教えてください

マクロビオティックの考え方を基本とした、身体に優しいお料理を学べるお料理教室です。 講師自体がマクロビのよさに触れて、もっと広めたいという思いではじめました。

Q. どんな生徒さんが集まっていますか

40代を中心に、マクロビに興味がある健康志向が強い女性で、田園都市線・半蔵門線沿線の方が多いです。女性専用ですが、パーティ形式のイベントの際にはご家族の参加もＯＫにしています。

Q. レッスンでこだわっているところを教えてください

マクロビオティックと聞くと、茶色くて味気のないご飯、あるいは難しくて面倒というイメージをおもちの方も多いのかもしれませんが、実際はそんなことはありません。マクロビオティックをぎちぎちに実践するのではなく、少しずつ普段の料理に取り込んでもらえる方法を伝えています。

また食材にはオーガニック素材を使うなどこだわっています。ただ普段の生活ですべてオーガニック素材を使うというのは難しいので、慣行栽培素材の扱い方やその他の提案も合わせて行なっています。

Q. 開業にあたって、どのようなキッチン道具を揃えましたか？

生徒さんに調理をしてもらいやすいように調理台は購入し、その他ガスコンロ２台、オーブン１台を揃えました。テーブルは人数が多い時には伸ばせるタイプにしました。

料理の基本の鍋は、素材にこだわり、なるべく人体に影響の少ないものを選び、小物は料理が映える、いろいろな大きさの白いお皿を用意しました。

Q. 今後のお教室の目標を教えてください

開業から２年がたち、生徒さんのスキルが上がってきましたので、お楽しみレッスンでパンを焼いたり、世界の料理をマクロビにアレンジして、月に１回ほど楽しめるレッスンも用意しています。

今後は外部でのイベントでのレクチャーや外部でのイベントも増やして、集客にもつなげていきたいです。

お教室名：Smile Dish（スマイルディッシュ）
レッスン内容：マクロビオティック教室
講師名：Mayun さん
HP：http://simpleslowlife.com/
場所：東京都世田谷区　二子玉川駅
1回あたりのレッスン人数：3〜5名
レッスン単価：18,000円（全4回　ベーシックコースの場合）

☑ お教室開業までのチェックシート④

□レッスンメニュー決めと骨格づくりはできましたか？

□レッスンテキストの準備はできましたか？

□モニターレッスン・体験レッスンを設ける目的がわかりましたか？

1 お教室のレッスンメニューを書き出してみましょう
（例：初心者向けコース・資格取得コース）

2 1日のレッスンの流れと所要時間を書き出してみましょう
（例：お出迎え（10分）→レッスンのポイント説明（5分）→デモンストレーション（10分）など）

3 1で決めたレッスンメニューに価格をつけてみましょう

Chapter
5

生徒さんを募集する方法を考えましょう

Section
5-01

お申し込みにつながる4つのステップ

ホームページをつくるだけで十分ですか？

お教室を開く際に一番気になることが、たくさんの生徒さんに集まってもらえるかどうかです。

お教室や習い事をインターネットで探す人が増え、お教室側がホームページやブログを立ち上げることが一般的になりましたが、「ホームページやブログをつくったけれど生徒が集まらない」という声も多く耳にします。

なぜそのようなことが起こるのでしょう。

集客に悩まれる方のご相談を聞いてみると、生徒さんがお教室に申し込むまでのステップを考えずに、ただホームページ（ブログ）をつくっただけ、という方が多いようです。

実際は、生徒さんはいきなりお教室に申し込むわけではなく、いくつかのステップを踏んでお申し込みをします。ここではそれを〝お申し込みまでの4つのステップ〟と呼びましょう。

お申し込みへの第一歩はまず知ってもらうこと

第1ステップは、生徒さんにお教室のことを〝知ってもらう〟ことです。インターネットやチラシ、広告、口コミなどさまざまな方法で、お教室のことを知ってもらうことが必要です。

次の第2ステップでは、生徒さんが抱いているお教室に対するハードルを取り除きます。たとえば価格のことやレッスンの難易度のことなど、生徒さんがお教室に興味をもてない理由を取り除きます。

第3ステップでは、お教室の特徴やレッスンで得られる効果をアピールします。お教室のセールスポイントづくり（40ページ）や、レッスンの骨格づくり（74ページ）がしっかりとできているかをあらためて確認しましょう。そしてようやく最後の第4ステップの、レッスンやイベントへの申し込みにつながります。

お申し込みまでの４つのステップ

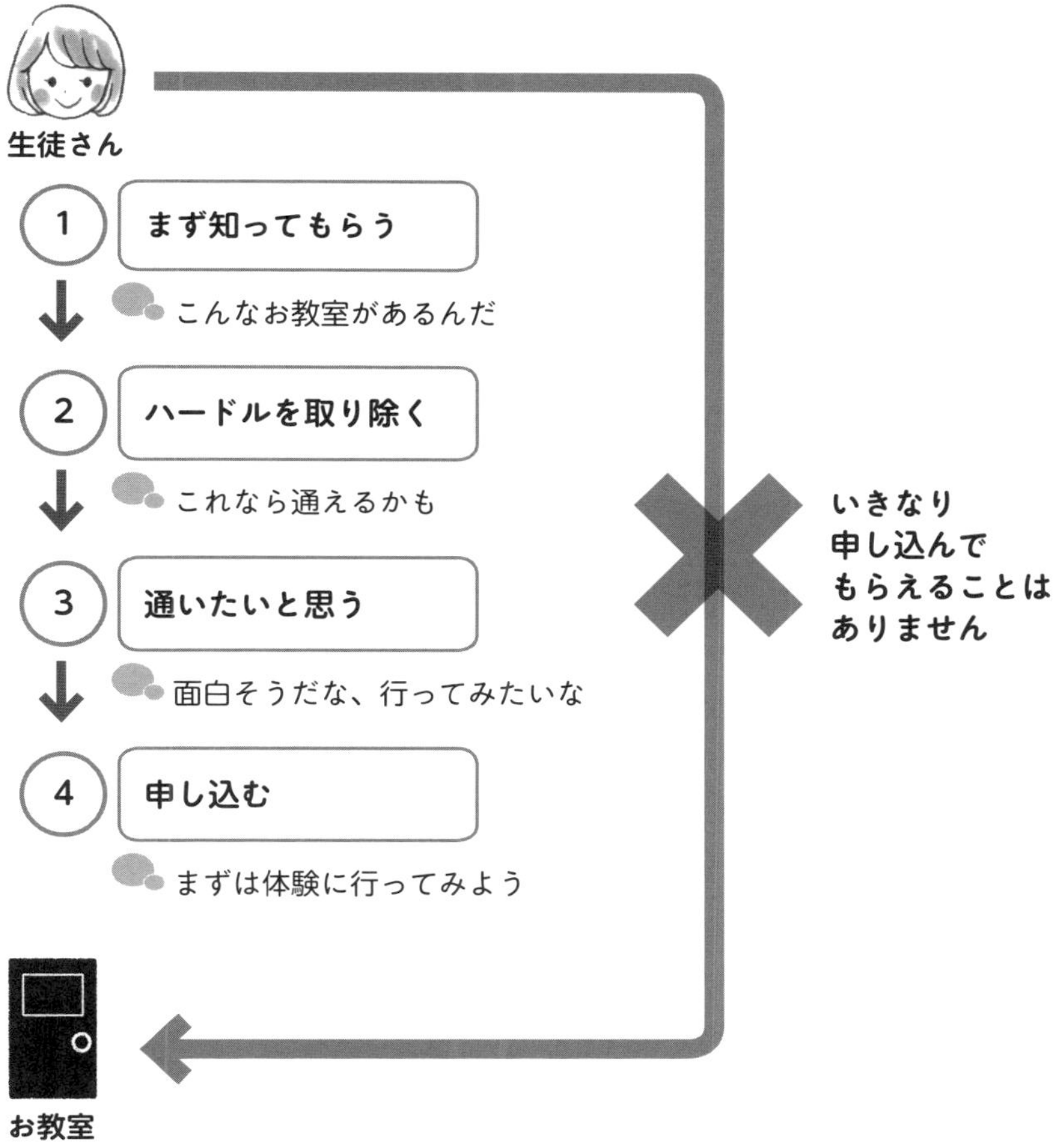

POINT

ホームページやブログをただつくっただけでは、お申し込みにつながりません。お申し込みまでのステップを1つ1つ整えることが、お申し込みにつながります。

Section
5-02

お教室のことを知ってもらうきっかけづくり

多くの人に知ってもらうためにできること

ではまず「お教室のことを知ってもらう」ために、具体的にはどんな方法があるのでしょうか?

ホームページやブログさえあれば、多くの人に見てもらえると考える方が多いのですが、〝ホームページやブログをつくっただけ〟は、〝チラシをつくって家に積んである〟のと同じことです。せっかくチラシをつくっても、配らなければ人の目に触れないのと同じで、ホームページやブログをつくったなら、多くの人に見てもらうための対策が必要です。

ホームページやブログを多くの人に見てもらうには、ホームページやブログの内容を充実させて、Yahoo!やGoogleのキーワード検索で上位に表示される対策をする（１３６ページ）、Facebook等のＳＮＳを活用して口コミを広げる（１２６ページ）などの対策を打っていきましょう。

たとえば北九州のおうちパン教室coucouさんの場合、「北九州　パン教室」のキーワードで検索するとホームページやブログが上位に表示されます。このように生徒さんが検索しそうなキーワードで上位に表示されると、多くの人にお教室のことを知ってもらえるきっかけとなります。

地元密着型のお教室にお勧めの方法は

お教室を人に知ってもらう方法はホームページやブログだけではありません。近所の人たち向けの地元密着型のお教室をめざす場合は、お教室のチラシをつくって近所に配ったり、チラシを置かせてもらえるお店やカフェなども探してみましょう。地元で配られるフリーペーパーに広告を載せると、効果がある場合があります。また地元に人脈があることも集客には有利です。仕事や趣味、サークル、子育て仲間など、人脈が広がるきっかけはさまざまですので、日頃から人が集まる場所に積極的に参加しておきましょう。

お教室のことを知ってもらうきっかけ

キーワード検索で
上位に表示される
“代々木　フラワー
教室”など
Facebook
やインスタグラム
などのSNSで
知る
他の人の
ホームページや
ブログで紹介
されている
フリーペーパーの
広告やチラシを
見る
知り合いからの
紹介や口コミで
知る
通りすがりに
看板を見る

POINT

“お教室のことを知ってもらう”ことはお申し込みへの第一歩です。チラシの配布やキーワード検索対策など、1つ1つ手を打っていきましょう。

Section
5-03

お教室へのハードルを取り除くために

どんなことをアピールするのがよいですか？

口コミやチラシなどでお教室のことを知ってくれた人にもう一歩進んで「お教室に興味がある」と思ってもらうには、どうすればよいのでしょうか？

お教室に通うことに対してはいろいろな〝ハードル〟を感じている人がいます。「場所が遠すぎる」「忙しくて通えない」「お金がかかる」「人づき合いが大変そう」「自分には難しい」など、お教室について不安やネガティブなイメージをもっているために、興味がもてない人もいるでしょう。

このように不安を感じている人をただお教室に誘っても、なかなか興味はもってもらえないでしょう。まずはお教室にどんな不安を感じているかをわかった上で、どうしたらそのハードルを下げられるのかを考える必要があります。

「お教室には行きたいのだけど……（行けない）」と言われるとがっかりしてしまいますが、ただ落ち込むだけでは先に進めません。行けない本当の理由を教えてくれる人は少ないので、なぜお教室に来られないのかを推測する力が必要です。

お教室へのハードルを下げてもらうには

たとえば、お教室の場所が遠くて通えないと感じている人には、アクセスを詳しく説明したり、駐車場の案内を丁寧にしたりすることで、「意外と通いやすい」というイメージをもってもらえるかもしれません。忙しくて通えないと思っている人には、短期集中レッスンを用意したり、急な休みにも振替の対応をする柔軟さをアピールしてみると、「忙しくても通えるかもしれない」と思ってもらえるかもしれません。

このようにして人がお教室について感じているハードルを推測して、1つずつ取り除くことができれば、興味をもってもらえるきっかけとなるでしょう。

生徒さんがお教室に感じるハードルの例

POINT

お教室についてネガティブなイメージを持っている人にお教室の宣伝をしても、なかなか興味をもってもらえません。生徒さんがお教室に感じているハードルを推測して、1つ1つ取り除いていきましょう。

Section
5-04

お教室に通いたいと思ってもらうために

どのような後押しができますか？

ではお教室へのハードルが下がって、興味をもちはじめた人に、「お教室に通いたい」と思ってもらうためにどんな後押しができるでしょうか？

生徒さんがお教室に対して望んでいることは一人一人違います。

英語教室に興味がある人の中でも、「3ヶ月後の海外出張までに、急いで英語を上達させたい」と思っている人もいれば、「のんびりと楽しく英語を勉強したい」と思っている人もいるでしょう。

まずは皆さんのお教室がどの生徒さんの要望に応えられるお教室なのかを、しっかりとアピールする必要があります。

英語教室の例では、急いで上達させたい人向けと、のんびり楽しく勉強したい人向けの2つのレッスンを用意してもよいですし、いずれかに特化するのもよいでしょう。一方、どちらの要望にも応えられるレッスンというのはないはずです。

生徒さんの声を載せて説得力UP！

お教室に通うことでどんな嬉しい変化が期待できるか、その効果をアピールすることも後押しになります。たとえばパン教室の場合、「お教室に○ヶ月通うとこんなパンが焼けるようになる」など、具体的な効果をあげることで、お教室に通いはじめた後のイメージがはっきりします。

また、お教室に通う生徒さんの声を載せれば、より説得力が増します。講師の口から「お教室に通えばおいしいパンを焼けるようになります」と説明するより、「たった3ヶ月で子供に〝おいしい〜〟とほめてもらえるパンが焼けました！」と実際の生徒さんの声を掲載するほうが、イメージがしっかりと伝わるでしょう。「私もこんな風になりたい」と思ってもらえたら、お申し込みまであと一歩です。

生徒さんのホンネ

通っていた（今通っている）お教室で、「こんな工夫があればもっとよかった」と感じること

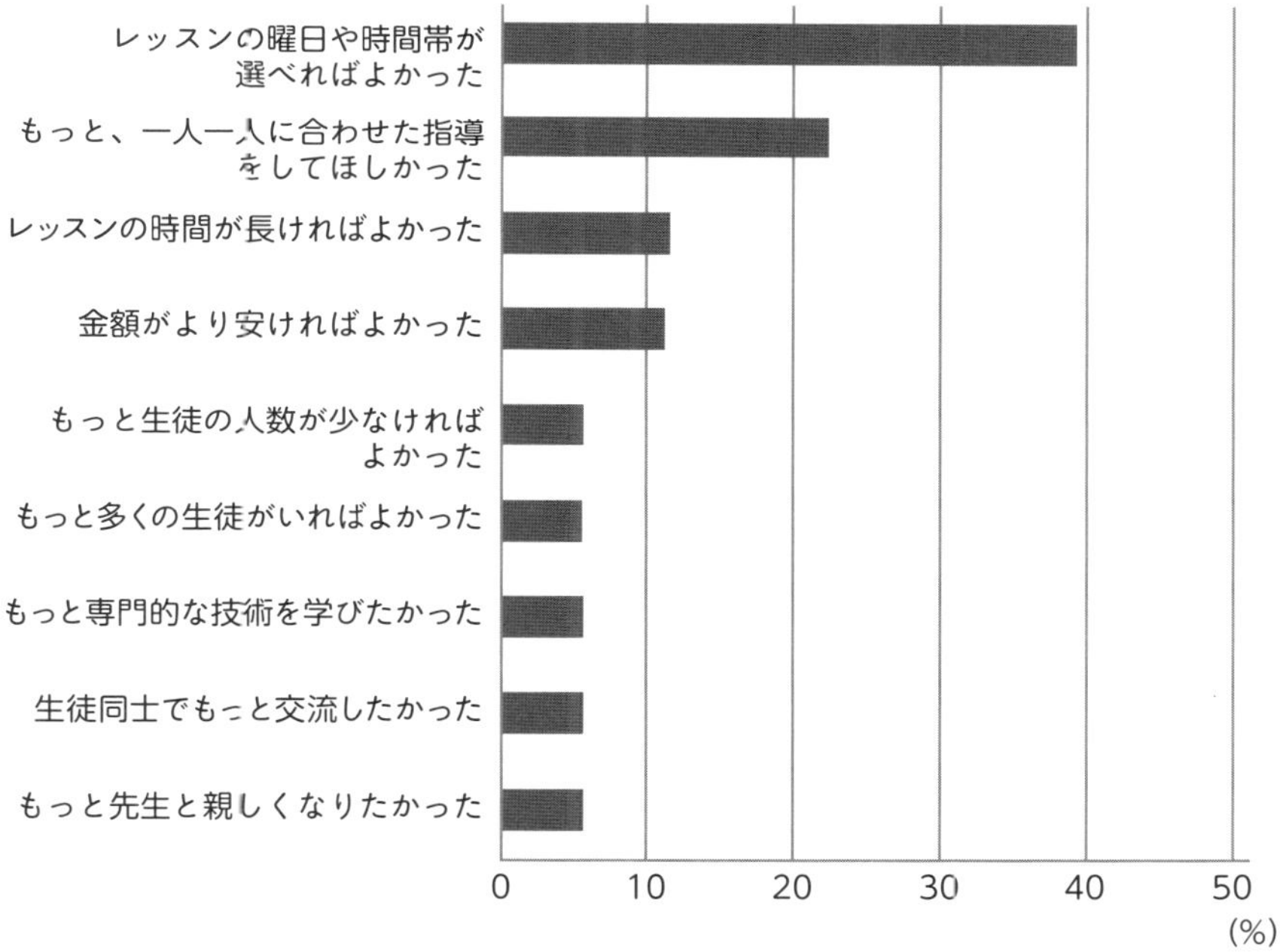

ミストアンケート結果より

POINT

どんな生徒さんの声に応えられるお教室なのかをしっかりとアピールしていきましょう。また生徒さんの声を載せることで、お教室に通った後のイメージを持ってもらい、お申し込みにつなげていきましょう。

Section
5-05

確実にお申し込みにつなげるために

どんな工夫ができますか？

お教室のことを知って興味をもち、通いたいと思った人を、申し込みへとつなげる第4のステップも重要です。どんなに興味がある人でも申し込みの時点で不安を感じると、生徒さんは申し込みを躊躇してしまうので、細心の注意が必要です。

まず、お教室の連絡先や問い合わせ方法は、ホームページやチラシのわかりやすい場所に記載しましょう。問い合わせ方法としては、電話、メールアドレス、問い合わせフォームの3点を用意できるとよいでしょう。

生徒さんからよくある質問は「Q＆A集」にまとめてホームページに掲載しておけば、わざわざ問い合わせをする手間がなくなり、生徒さんの不安を解消できます。お教室でよく尋ねられるのは、レッスン内容・料金のことや、レッスンキャンセル・日程変更などイレギュラー対応についてなどですので、教室としてのポリシーをまとめておきましょう。

入会するかどうか迷っている人向けには、申し込みへのハードルを下げる工夫もしてみましょう。通常のレッスン以外に、体験レッスンや単発イベントを用意することで、まずはお教室に来てもらいやすくなります。また、入会キャンペーンとして入会金を割引したり、初回レッスン割引の特典をつけたりすると、入会へのハードルが下がって申し込みにつながりやすくなります。

お問い合わせには早く、丁寧に対応

生徒さんからお問い合わせが入ったら、なるべく早く丁寧に対応します。メールや電話での講師の応答がお教室の第一印象となるので、不安を感じさせないようにしましょう。メールの場合は返信用の文面をあらかじめ用意しておけば、毎回文章を考える必要がなく、素早く返答できます。

お教室のQ＆A集例

レッスンの内容について	“初心者だけどついていけますか”
	“1人で参加しても大丈夫ですか？”
	“どんな生徒さんが参加していますか？”
	“服装や持ち物について教えてください“
	“子連れで参加できますか”
	“経験者ですが、どのコースを受ければいいですか”
レッスン料金について	“支払いのタイミング、支払方法を教えてください”
	“レッスン料金以外にかかる費用はありますか”
イレギュラー対応について	“何日前までレッスンをキャンセルできますか”
	“休んだ時の振替はできますか”
	“遅刻の場合の扱いはどうなりますか？”
アクセスについて	“駐車場や駐輪所はありますか”
設備	“食事スペース・シャワー・ロッカーはありますか？”

Q＆Aのホームページ掲載例「First English」

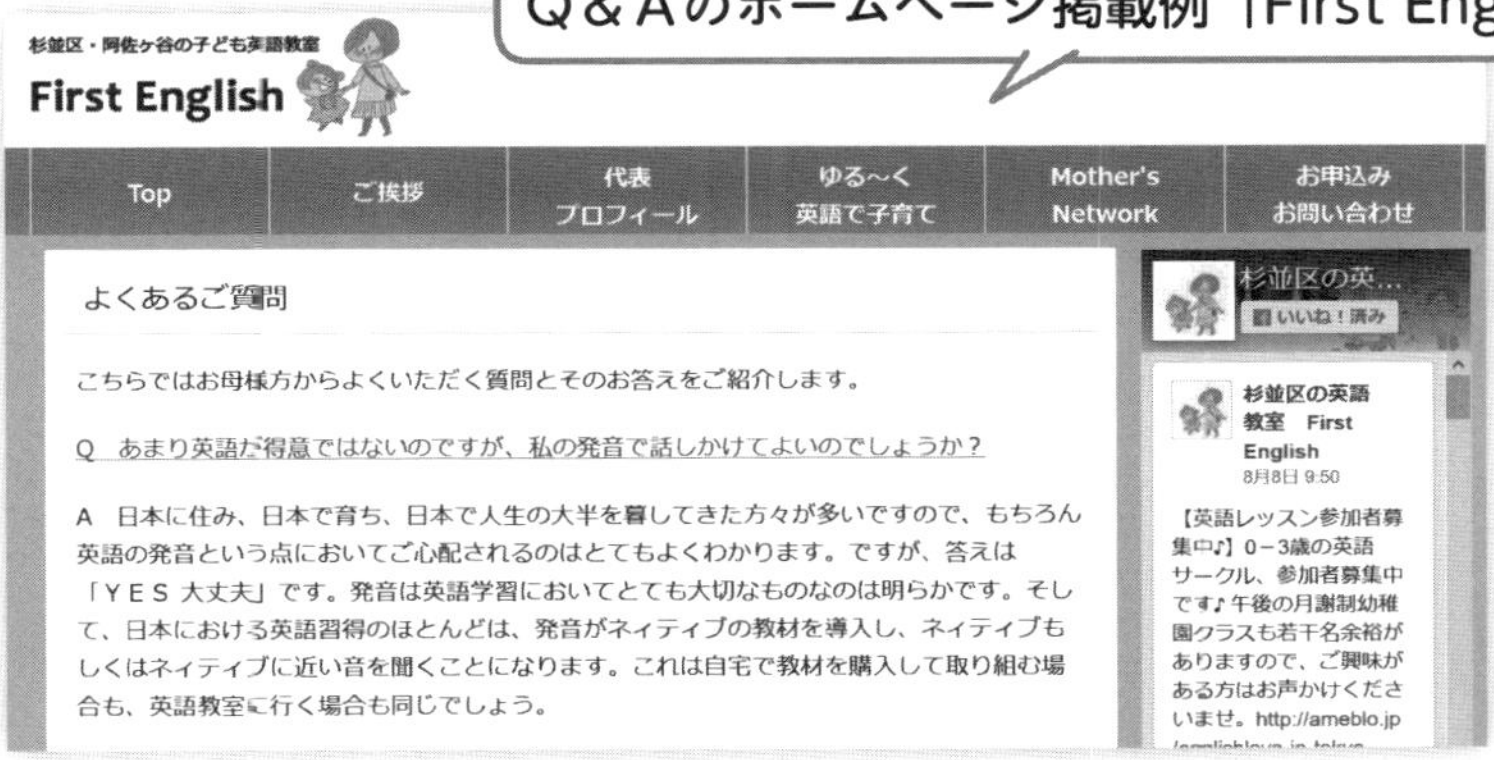

http://firstenglish123.com/qa/

POINT

申し込みまでの間で少しでも不安を感じると、生徒さんは申し込みを躊躇してしまいます。生徒さんが不安に感じる点はQ＆A集でまとめ、スムーズにお申し込みへつなげましょう。

Section
5-06

お申し込みにつながらない時に見直すポイント

どこから見直すとよいですか？

「ホームページやブログをつくったけどお申し込みにつながらない……」、そんな時は4つのステップのどこに原因がありそうかを見直してみましょう。

第1のステップの、お教室が多くの人に知られていないことが原因になっているなら、まずは身近な友人や知り合いに知ってもらえるように動きましょう。FacebookやInstagramなどでお教室に関する投稿をしてもよいですし、チラシを手渡すのもいいでしょう。「気恥ずかしくて友人には宣伝できない」という方もいますが、友人が来てくれないお教室に、他の人が来るのも難しいものです。まずは身近な人から取り組んでいきましょう。

お教室のことは知ってもらっているけれど、第2ステップや第3ステップの、「興味をもってもらう」「通いたいと思ってもらう」というところでつまずいている場合は、どんなきっかけがあればお教室に興味をもってもらえるのかを考えてみましょう。知人・友人から、「なぜ今のままでは興味がひかれないのか」「どんなきっかけがあればお教室に来たいと思うのか」、アドバイスをもらうのもよいでしょう。

最後の申し込みのステップでうまくいっていない場合は、入会のキャンペーンを実施して申し込みへのハードルを下げたり、より気軽にお問い合わせできるように連絡の手段を増やしてみましょう。

立ち止まらず、まずは動いてみましょう！

うまく生徒さんが集まらないと、自信がなくなって立ち止まってしまう方が多いのですが、改善できそうなことは手当たりしだいやってみるという姿勢が大事です。何かアクションを取ることで、その結果が出てきて、次の改善のアクションが見えてきます。原因を考える→問題を改善する、というサイクルを多く回せるようにしてみましょう。

お申し込みにつながらない時に見直すポイント例

講師

なかなか生徒さんの申し込みが増えません。どこから見直すのがよいですか？

池田

まずは申し込みまでのステップのどこがうまくいっていないのか見直してみましょう

講師

なるほど……。お教室を知っている人は増えてきたのですが、なかなか興味をもってもらえないようです

講師

レッスンの内容が初心者には難しいと思われているようです

池田

初心者向けのレッスンでどんな工夫をしているか、アピールしてみるのはどうでしょうか？

講師

イラストのテキストをつくり、初心者でもレッスンについていけるように工夫していることを、ブログに書いてみます！

POINT

生徒さんのお申し込みにつながらない場合は、どのステップがうまくいっていないのかまずは考えて、改善のアクションへとつなげていきましょう。

Section
5-07

お教室のチラシをつくってみよう

手づくりでも大丈夫ですか？

出会う人にお教室の情報を伝えるのに便利なチラシ。デザイナーさんに依頼して本格的なものをつくるのもよいですが、講師の手づくりのものにも味があります。自分のお教室らしいチラシづくりにチャレンジしてみましょう。

チラシのサイズは、人に手渡ししたりカフェやレンタルスペースに置いてもらったりすることを考えて、A4判よりも小さなサイズがよいでしょう。A4を3つ折りにしたものや、A5、A6サイズがよく使われます。

デザインや見栄えにこだわりたい場合はデザイナーさんに外注してつくりますが、デザイン料がかかります。また、内容に変更があった場合、都度、デザイナーさんに依頼する必要があります。もし自分でチラシを変更したい場合は、ワードやパワーポイントなど手元にあるソフトでつくるのがよいでしょう。チラシをつくるためのワードやパワーポイントのテンプレートも用意されていますので、インターネットで検索してみましょう。またパソコンでつくる以外にも、ペンや筆で書いた手書きのチラシも味がありますので、字やイラストが得意な方はぜひチャレンジしてみましょう。

チラシには伝えたいことをぎゅっと詰めて

チラシは紙の大きさの制約があり、ホームページほど多くの情報を載せることができません。お教室の特徴や価格など、生徒さんに一番伝えたいことをぎゅっと詰めて載せるとよいでしょう。また、文章だけでは味気ないので、レッスン風景・作品の写真やイラストを載せて、手に取りたくなるチラシをめざしましょう。

チラシを見てお教室に興味をもった人は、次にホームページやブログで詳しい情報をチェックしようと考えます。ホームページやブログのURL、検索のキーワードを載せておきましょう。

お教室のチラシの例

英語教室「First English」（112ページ）のレッスン募集チラシ。レッスン風景の写真やかわいいイラストを使い、楽しい雰囲気に仕上がっています。

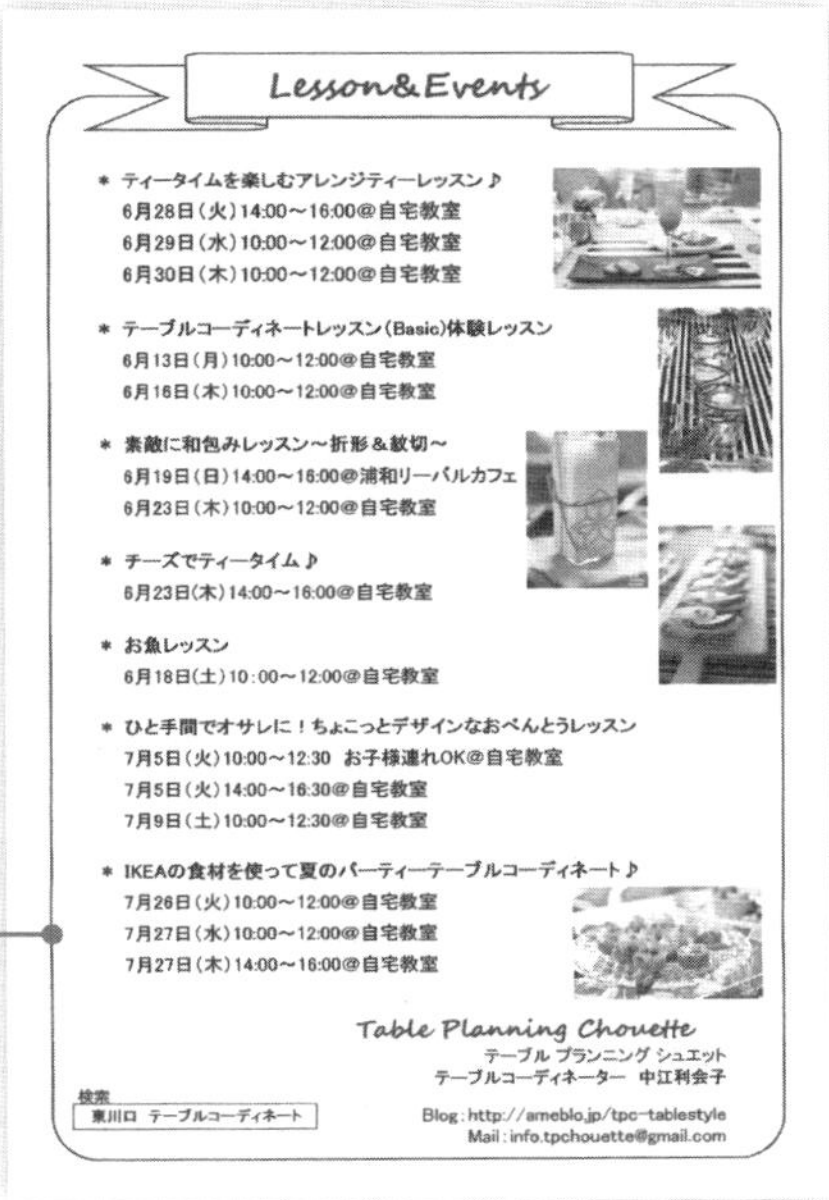

テーブルコーディネート教室「Table Planning Chouette」（66ページ）のレッスン＆イベントスケジュールチラシ。講師の手づくりによるチラシで、一目で最新のイベントスケジュールがわかるように工夫されています。

POINT

人にお教室のことを伝える時に便利なのがチラシです。自分のお教室らしいチラシづくりにチャレンジしてみましょう。

Section 5-08

こだわりたい写真

どんな点にこだわるのがよいですか？

レッスンの雰囲気を伝えたり、レッスンの作品例を見せたりするために、こだわりたいのが写真です。「お教室では素敵な作品をつくることができます」と文章で書くよりも、生徒さんの素敵な作品写真をたくさん載せるほうが、はるかに説得力がありますね。

そして、写真の見栄えはお教室の人気を大きく左右します。どんなにおいしい料理をつくることができる料理教室でも、ブログの写真がおいしそうでなければ、説得力がありません。

最近はカメラの性能が上がり、スマートフォンでも簡単によい写真が撮れるようになりました。そのため一眼レフなどより本格的なカメラを使いこなし、他のお教室と差をつけようとする講師も増えています。個性的で魅力的な写真を撮れることはお教室の集客につながりますので、ぜひスキルを磨きましょう。

なお、レッスンの合間で写真を撮ろうと思っていても、実際にレッスンがはじまると慌ただしく、よい写真が撮れないことも少なくありません。質の高い作品写真を撮るためには、レッスン日とは別に撮影日を設けるといいでしょう。また最近はSNSに写真を投稿して楽しむ生徒さんが増えたので、レッスンの中で撮影時間を設けるのもよいでしょう。

写真の技術を磨くために

よい写真を撮るためには、作品をどのような配置と構図で撮影するかを決める、スタイリング技術も必要です。撮りたい被写体だけでなく、その後ろに映り込む背景や小物の配置にまで気を配って写真を撮るようにしましょう。写真がうまい人のよいところを取り入れたり、写真の技術やスタイリングを学べる機会も探してみましょう。また写真の上にテキストが乗せられる写真加工ソフト（例：PhotoScape）の使いこなしにもチャレンジしてみましょう。

お教室の作品写真例

名古屋リボンデコ＆リボンレイ教室　Hiwahiwa Ribbon

http://ameblo.jp/hiwahiwa-ribbon

Hiwa（ひわ）さん

お教室のテイストを明確にして、作品写真だけでなく、写真に写る小物や背景のテイストも統一して撮影するように工夫しています。生徒さんに作品をイメージしていただけるように、作品全体の写真と作品アップの写真の２枚を用意するようにしています。

POINT

生徒さんの作品写真を撮ったり、レッスンの様子を伝えるために、カメラの技術はお教室の講師にとって必要なスキルです。日々磨き続けるようにしましょう。

Section
5-09

口コミを広げるために

生徒さんの期待を超えるサービスを

積極的に宣伝しているわけではなくても、口コミでお教室のことが人から人へ伝わって生徒さんが集まるという状況は、集客の理想の形と言えます。

では、どんな時に生徒さんは口コミをしてくれるのでしょうか？　皆さん自身がレストランやホテルなどでどんなサービスを受けたら他の人に紹介したくなるか、思い返してみましょう。たとえば、レストランで普通の食事と当たり前のサービスを受けた時に、わざわざ人に伝えるでしょうか。一方で、サプライズのお誕生日プレートをもらったなど、期待を超えるサービスを受けた場合はどうでしょうか。

口コミというのは、当たり前のサービスではなく、自分の期待を超えたサービスや商品を受け取った時にはじめて、そのことを人に伝えたくなって起こるものです。ではお教室の場合、どんなことがあったら生徒さんは他の人に伝えてくれるのでしょうか。

「自分が期待していた以上の、素敵な作品をつくることができた」「発表会でうまく力を発揮できた」「以前はできなかったことが、お教室に通うことでできるようになった」など、生徒さん自身が喜びや驚きを感じた時に、人に伝えてくれるでしょう。お教室として、どんな機会を提供できれば生徒さんに期待を超えたと感じてもらえるかを考えてみましょう。

生徒さんに口コミで伝えてもらうために

口コミは人の口で伝わることもありますし、FacebookやTwitter、InstagramなどのSNSツールで広がることもあります。意図的に口コミを起こすのは難しいものですが、たとえばレッスン中に写真の撮影時間を設けることで、生徒さんにお教室でつくった作品写真をSNSに投稿してもらうことができます。他にも生徒さんに口コミを伝えてもらうためにできる工夫を考えてみましょう。

お教室の口コミを広げる工夫

ブレスストレッチクラブ®主宰　奥山絹子さん（158ページ）

レッスン前、レッスン終了後に、足裏のチェック、壁を使った姿勢のチェック、気分や痛みのチェックを行ない、効果を実感してもらっています。レッスンに通うことで「体調がよくなった」「体型が変わった」「痛みが解消した」などの効果を実感した生徒さんが、周りに口コミで広げてくれています。

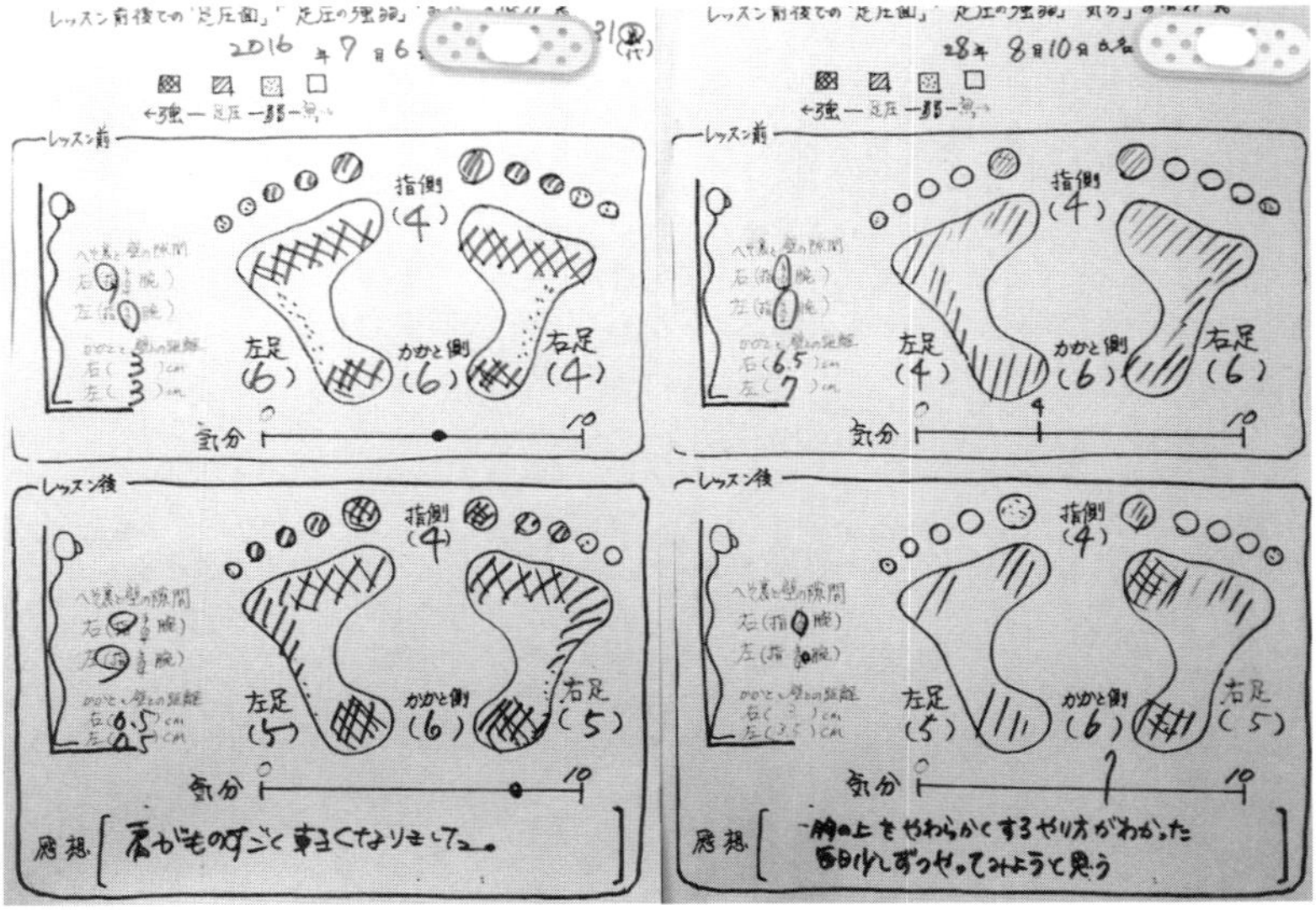

レッスン前後の足裏のチェックシート

POINT

生徒さんの期待を超えた時にはじめて、生徒さんは口コミを起こしてくれます。どんな仕掛けや工夫をすれば生徒さんに喜んでもらえるかを考えてみましょう。

お教室講師の先輩
Interview
5

Q. お教室のコンセプトを教えてください

はじめて英語に触れるお子様が、英語を無理なく楽しみ、細く長く英語を続けられるお教室をめざしています。小さい時から英語力を積み重ねていくことで、大人になった時に多くの可能性や選択肢をもち、自分自身の人生をより豊かなものにしていってほしいと願っています。

Q. どんな生徒さんが集まっていますか

０～６歳まで、男女は半々です。中央線・京王井の頭線沿線を中心に、子育て中のママと子供が集まっています。

Q. 他の英語教室との違いをどのように出していますか？

レッスンの中には英語の歌など音楽をどんどん取り入れるなど、英語を勉強としてだけではなく、イベントとしても楽しんでもらえる工夫をしています。０～３歳児向けは単発クラスにして、気軽に参加してもらえるようにしています。

Q. ご自身の英語での子育て経験を、どのようにレッスンに活かしていますか？

自分自身が英語で子供に接した経験から感じた子供が喜ぶポイントや、英語への興味の持たせ方をレッスンに取り入れています。また保育士免許も取得した他、英検１級、TOEIC965点などのスキルを活かして、質の高いレッスンを提供できるように心がけています。

Q. スペース選びでこだわった点を教えてください

開業当初は地図を片手にいろいろな場所を探して試してみました。現在は阿佐ヶ谷の親子カフェを貸し切りで利用しています。阿佐ヶ谷のスペースは駅から５分以内で複数の路線が乗り入れており、アクセスがとてもよい場所です。また親子カフェで英語教室の集客をしてもらうこともできます。絵本やスズ、ボールなど英語教室ではさまざまなレッスン道具を使いますが、スペースに置き場をもらえているので、道具を充実させることができています。

Q. 今井先生は英語教室以外にもいろいろ取り組まれています

子育て中のママに多様な働き方を見ていただく“ママエキスポ”を過去４回開催し、出展者70名以上、１回あたり約1000人を集客しました。また現在は杉並区子ども・子育て会議に参加している他、今年の夏には小学生向けの杉並・テキサス交流プロジェクトをスタートして子供たちが海外とつながる機会を提供しています。これからも、さまざまなイベントを企画できればと考えています。

お教室名：First English（ファーストイングリッシュ）
レッスン内容：英語教室
講師名：今井千夏さん
HP：http://firstenglish123.com/
場所：東京都杉並区・阿佐ヶ谷駅
1回あたりのレッスン人数：3～10組（親子）
レッスン単価：1回1組1,500円（乳幼児クラス）

☑ お教室開業までのチェックシート⑤

- □ お申し込みまでの４つのステップがわかりましたか？
- □ お教室の写真にこだわったほうがいい理由がわかりましたか？
- □ どんな時にお教室の口コミが起こるかがわかりましたか？

1 多くの人にお教室を知ってもらうために取り組むことを書きましょう

2 生徒さんに口コミを起こしてもらうために、工夫できそうなことを書きましょう

Chapter
6

ウェブ・SNSツールの最新活用術

Section 6-01

自分に合うウェブツールの選び方

どのように選ぶのがよいですか?

インターネットで情報を調べることが一般的になり、ウェブツールを使って生徒さんの募集をすることがとても重要になりました。ホームページさえあれば大丈夫という時代は終わり、ブログやFacebook、Instagram、LINEなど、新しいウェブツールが登場しています。

すべてのツールを使いこなすためには、パソコンの前に24時間張りついていても時間が足りません。お教室の特徴や講師の得意分野を考えて、自分のお教室に合うツールを選んで使っていくのがお勧めです。

ホームページが中心？SNSツールが中心？

料理やフラワーなど以前からあるお教室のジャンルの場合は、〝料理教室〟や〝フラワー教室〟などのキーワードでお教室を探す人が多いため、キーワード検索に強いホームページやブログの運用に力を入れるのがよいでしょう。「〇〇市　料理教室」など、〝地域名+お教室ジャンル〟の組み合わせで検索された時に、お教室のホームページやブログが上位に表示されることをまずはめざしましょう。

一方で最近登場したお教室の場合は、ジャンル自体がまだ多くの人に知られておらず、キーワードで検索する人が少ないことが考えられます。まずはジャンル自体のことを人に知ってもらうために、FacebookやInstagramなどのSNSを活用して口コミを起こすことを優先してみましょう。

どのウェブツールを使えば講師の強みを活かせるかも考えてみましょう。たとえば、写真が得意な講師の方は、Instagramでフォロワー獲得がめざせます。また、文章を書くのが得意な方はブログで読者を増やすことをめざしてみましょう。

各ツールの特徴は次項以降で詳しくご説明していきます。

自分に合うウェブツールの選び方

講師：ホームページ、ブログ、Facebook、Instagram など、すべてを使いこなす自信がないのですが……

池田：かけられる時間には限りがあり、すべてを使うのは難しいので、お教室に合うツールを選んでみましょう

池田：まずはホームページやブログを中心にするのか、Facebook などＳＮＳを中心にするのかを考えてみましょう

池田：また、講師の強みに合うツールからスタートしてもよいでしょう。何か得意なことはありますか？

講師：昔から文章を書くのが得意です。ブログを書いたことはないのですが、チャレンジしたほうがいいですか？

池田：文章が得意な方は、ブログでも面白い記事が書ける可能性が高いです。ぜひチャレンジしてみてください

POINT

ウェブツールをすべて使いこなそうとするのではなく、それぞれの特徴を知り、お教室の個性や講師の強みに合うツールを選びましょう。

Section
6-02

ホームページづくりについて

どんな情報を載せるのがよいですか？

生徒さんを募集するためのツールとして、ホームページはとても重要です。生徒さんがお教室のことを知るきっかけだけでなく、申し込みにつなげる役割も果たします。

ホームページをつくるにあたって大事なのは、「デザイン」と「載せる情報」の選定です。

ホームページのデザインは、生徒さんが受ける第一印象を左右します。特にトップページの目立つ箇所に使用する写真の見栄えはホームページ全体のデザインに影響しますので、慎重に選びましょう。

デザイン以外にも、ホームページにどんな情報を載せれば、訪問者がお教室に通いたくなるのかを考えましょう。「生徒さんの声」や「他のお教室との違い」、「レッスン内容で工夫していること」など、ホームページの文章を読めばお教室の魅力が伝わるように工夫しましょう。また動画を入れれば、レッスンの様子をわかりやすく伝えることもできます。

ホームページはつくった後こそが大事

たとえ綺麗なホームページができあがっても、更新しなければ情報はどんどん古くなり価値が下がります。ホームページをつくる際には、自分で情報が更新できるタイプを選ぶとよいでしょう。

ホームページを外注する場合は、知識がゼロのまま制作会社に任せるとトラブルの原因になるので、ホームページについての最低限の知識を身につけましょう。

なお、制作価格は会社によってまちまちなので、複数の会社に見積もりを取るとよいでしょう。以前はホームページづくりには長い時間と高いコストがかかりましたが、今では早く安くつくるためのツールも登場しています（次項参照）。必要以上のコストをかけないように注意しましょう。

お教室のホームページ例

ブレスストレッチクラブ®（158 ページ）

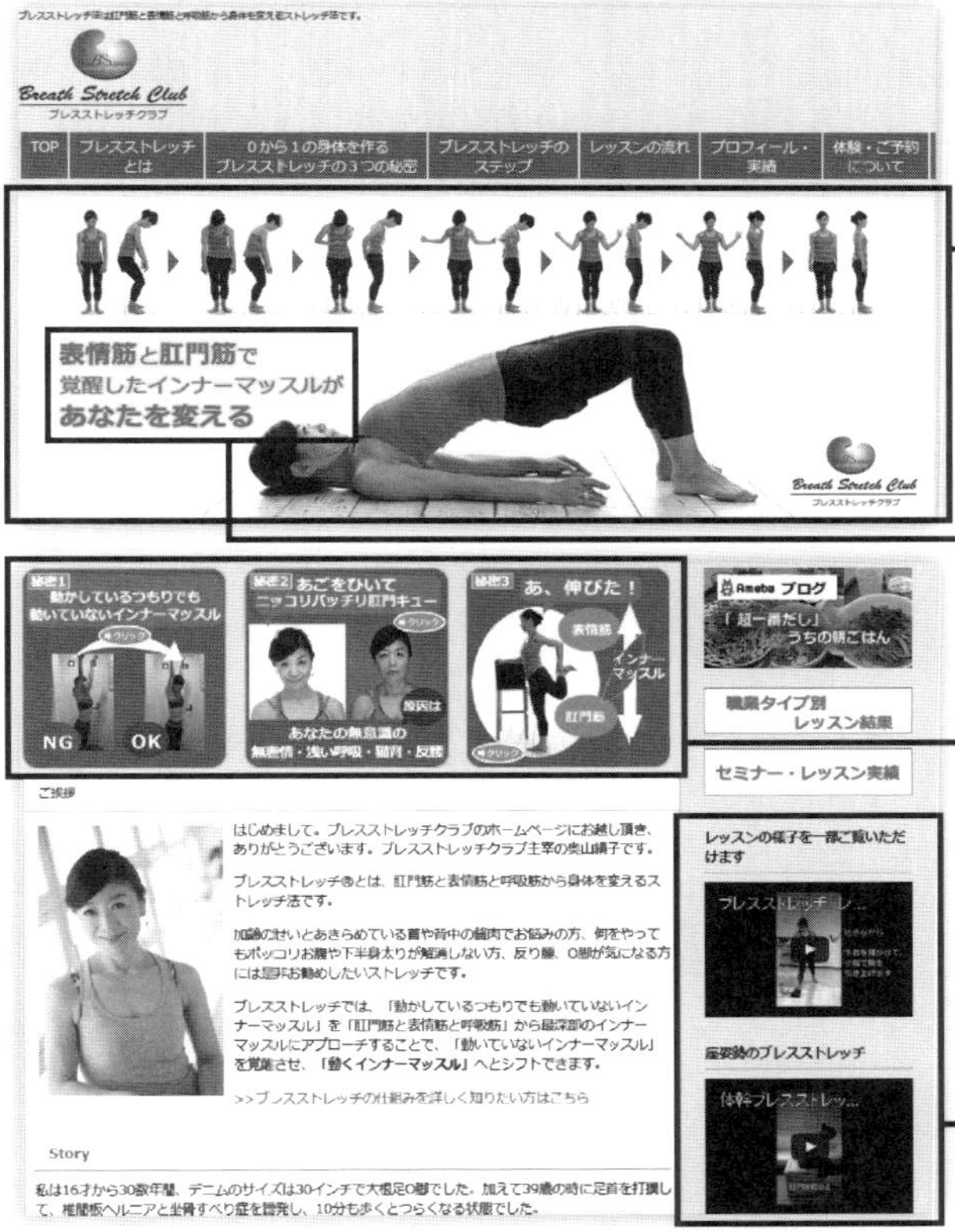

一番目立つヘッダには教室の魅力を十分に伝えられるデザインを選びます

お教室の特徴をキーメッセージで伝えます

お教室の特徴をアピールします

レッスンの様子が動画で見られるとイメージが伝わりやすくなります

http://breathstretch.com/

主宰 奥山絹子さん

「ブレスストレッチのステップを理解して頂きやすいように、写真や動画を多く取り入れました。“ニッコリパッチリ肛門キュー”というお教室のキャッチコピーもつくり、ブレスストレッチの特徴を伝える工夫をしています」

POINT

ホームページづくりに大切なのは、デザインと載せる情報選びです。
お教室の顔とも言えるホームページづくりにしっかり取り組みましょう。

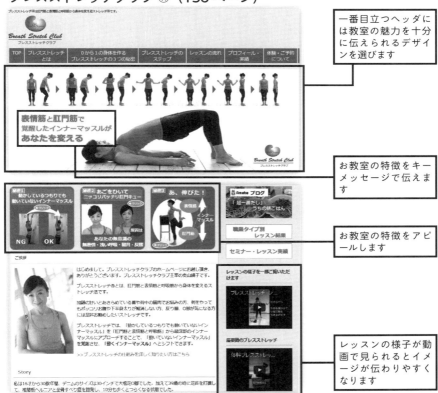

Section
6-03

簡単で便利！ホームページ作成ツールのご紹介

自分でもホームページがつくれますか？

無料で手軽につくれるものから、本格的なものがつくれるものまで、さまざまなホームページ作成ツールが登場しています。

ホームページを手軽につくりたい方に人気なのが「Wix（ウィックス）」と「Jimdo（ジンドゥー）」というサービスで、いずれもインターネット上でアカウントを作成して好きなテンプレートを選ぶだけで、簡単にホームページをつくることができます。広告が挿入されたり、アクセス解析が使えないなどの制約はありますが、無料で使えるプランも用意されているので、気軽に試すことができます。

本格的なホームページをつくりたい方に人気なのは「ワードプレス」です。テンプレートの数が多く、デザインの自由度が高いため、多くの会社のホームページに採用されています。ワードプレスを使うには、〝ドメイン〟と〝サーバー〟の契約が必要で、またテンプレートを変更するにはＨＴＭＬの知識が必要なため、WixやJimdoよりもハードルは高いツールです。作成に時間がかかりすぎる場合には、ホームページ制作会社に外注してつくるのがよいでしょう。

早めにもちたい独自ドメイン

WixやJimdoの無料プランで作成した場合、ホームページのＵＲＬは「http://myst.wix.com」や「http://myst.jimdo.com」となります。ＵＲＬの中に〝wix.com〟や〝jimdo.com〟が含まれていることでわかるように、WixやJimdoから他のツールに引っ越すと同時に、同じＵＲＬは使用できなくなります。

ホームページのＵＲＬは途中で変えずに同じものを使うほうが、生徒さんにとってわかりやすく、キーワード検索の点からも有利です。WixやJimdoを利用する際にもなるべく早く有料プランに切り替え、お教室独自のドメインを持てるようにしましょう。

手軽につくれるホームページ作成ツール

Wix

特徴：直観的な操作でデザインを決められるので、思い通りの見かけに仕上げたい時にお勧めです。ブログの機能も充実してきています。

- 無料プランあり
- 有料プラン（広告表示なし）900円～／月（2019年6月時点）

http://ja.wix.com

Jimdo

特徴：WIXよりもかっちりした見かけのホームページに仕上げた時にお勧めです。テンプレートも増えてきて、おしゃれな見かけに仕上げることができます。

- 無料プランあり
- 有料プラン 945円～／月（2019年6月時点）

http://jp.jimdo.com

POINT

ホームページをつくるツールとしてはJimdo、Wix、ワードプレスなどが人気です。用途や予算に合わせたツールを選びましょう。

Section 6-04

ブログの更新について

どんなことを書けばいいですか？

ホームページとともに集客に欠かせないツールがブログです。ブログとはインターネット上の日記のことで、お教室の日々の様子や生徒さんの作品の紹介、講師の想いなどを発信する場所として使います。

「アメブロ」や「エキサイトブログ」など、ブログ専門のサービスを使って無料ではじめられる上、記事の投稿はワードと同じ感覚で簡単にできますので、ぜひチャレンジしてみましょう。

一番大事なことは、ブログにどんな記事を書くかです。つい、生徒さん募集の記事ばかりになりがちですが、ブログを読んだ人が「面白い」「役に立った」と感じて毎日読みたくなったり、他の人に勧めたくなるような内容をめざしましょう。

たとえばレッスンの様子を記事で紹介すれば、レッスンの楽しさを伝えることができますし、レッスンの準備風景や裏話など普段は知ることができない内容をブログで読めるのも面白いでしょう。

日々感じていることをブログで自然に表現

講師のプライベートについても、どんどん記事にしてかまいません。生徒さんは教室で見る講師の姿だけではなく、講師の日常についても興味をもっているものです。ただし「今日は～を食べました」といった出来事ばかりを書くのではなく、日々感じていることやお教室への想いなど、読み手の共感を得られる内容を記すのです。

ブログを書く頻度や記事の長さについて特に決まりはありませんが、毎日書くことを目標にするあまり、記事の中身が薄くなってしまうのなら本末転倒です。講師の想いや考えをしっかりと届けるために、８００文字以上の長さを目安にしましょう。

日々記事を書くのに時間がかかってしまう方は、早く・長く記事が書けるように練習してみましょう。

お教室のブログ例

おうちパン教室 coucou（48 ページ）

http://ameblo.jp/ouchi-pan/

主宰 大竹直子 さん

「ブログを読んでお教室に来てくださる方が多いです。レッスンの様子の他、講師のプライベートや想いなども載せて、読み手に共感して頂ける記事を心がけています。パンの写真はなるべくおいしく見えるように、スタイリングにもこだわって撮影しています」

POINT

ブログは宣伝の記事ばかりにならないように、読み手が読んでいて楽しい投稿、役に立つ投稿を心がけましょう。講師が日々感じることや、お教室への想いもどんどん発信していきましょう。

Section
6-05

アメブロの人気の秘密

どうして人気があるのですか？

お教室の講師に人気のブログサービスが「アメブロ」（アメーバブログ）です。人気の秘密はどこにあるのでしょうか？

それは、通常のブログの機能だけでなく、コミュニティの機能を備えている点にあります。

一般的に、ブログの開設当初はなかなか多くの人に読んでもらえず、読者がゼロということもあり得ます。そこでコミュニティ機能をうまく使えば、アメブロで知り合いをつくることができて、その知り合いがブログに訪問してくれて……とスムーズに読者を獲得することができます。

具体的には、ブログの更新情報を受け取る「読者登録」や、記事への「いいね！」ボタン、「コメント」機能などを使って、相手との距離を縮めていきます。

口コミだけで読者を増やせるようになるまでは、日々ブログを書くだけでなく、自分が面白いと思ったブログに積極的に読者登録をしたり、いいね！やコメントを残すなどして、アメブロのコミュニティ機能をうまく使い、自分のブログを多くの人に知ってもらう努力をしましょう。

利用規約には気をつけましょう

ブログサービスを利用する際には、利用規約に目を通しておきましょう。

たとえばアメブロの利用規約では「『絶対儲かる』『必ず成功する』などの表現により、購入者に誤解や損害を与える恐れのある内容の投稿や商品・サービス等の販売、宣伝」は禁止されています。その他にも禁止項目が設けられていますので、目を通しておくのがよいでしょう。

多くのブログでは、他のホームページやブログからの文章や写真の無断使用が禁じられており、違反した場合は削除されることもあるので、注意が必要です。

アメブロのコミュニティ機能を使いこなそう

アメブロの読者登録画面

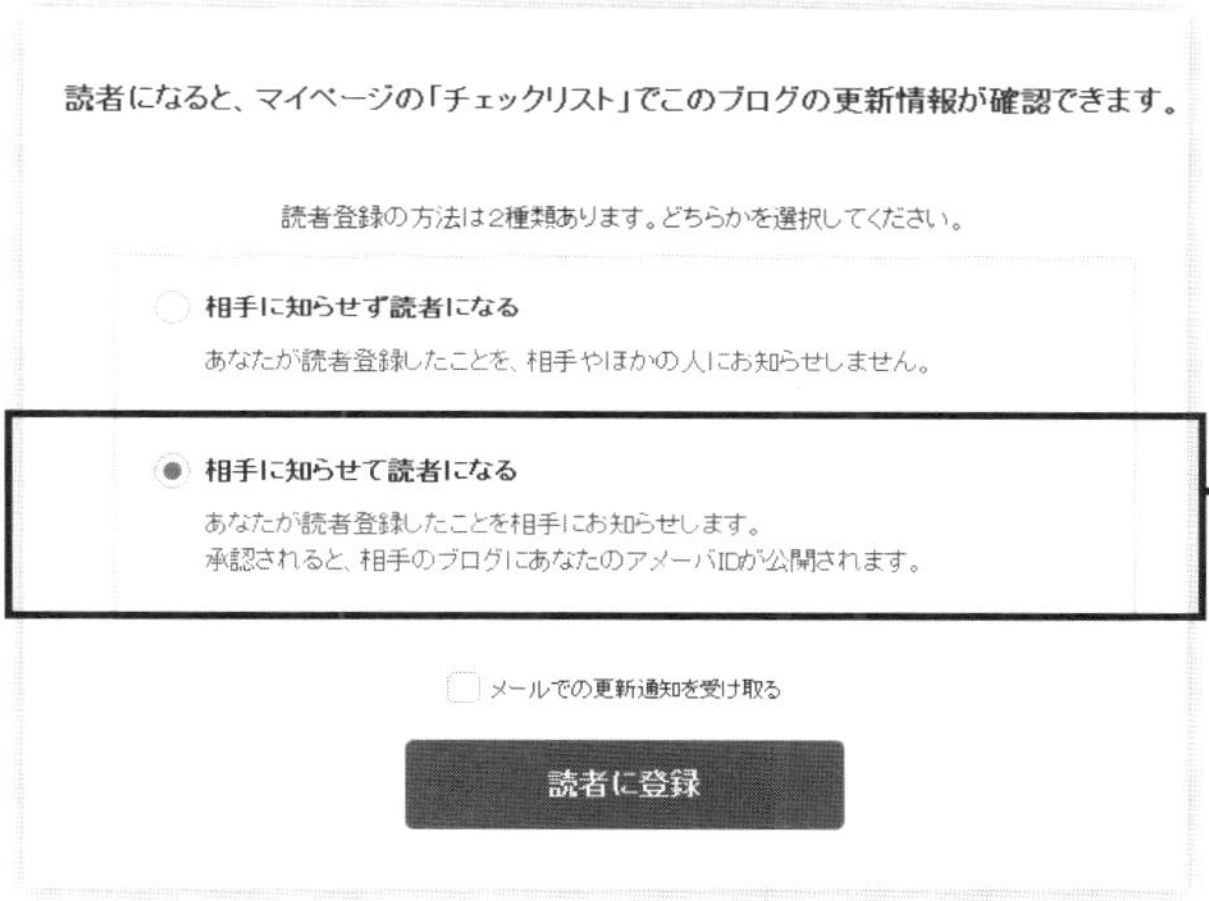

相手に知らせて読者になることでアメブロ内でのつながりが広がっていきます。読者登録を送った後には、メッセージでご挨拶を送るとより丁寧です

各記事下には“いいね！”ボタン

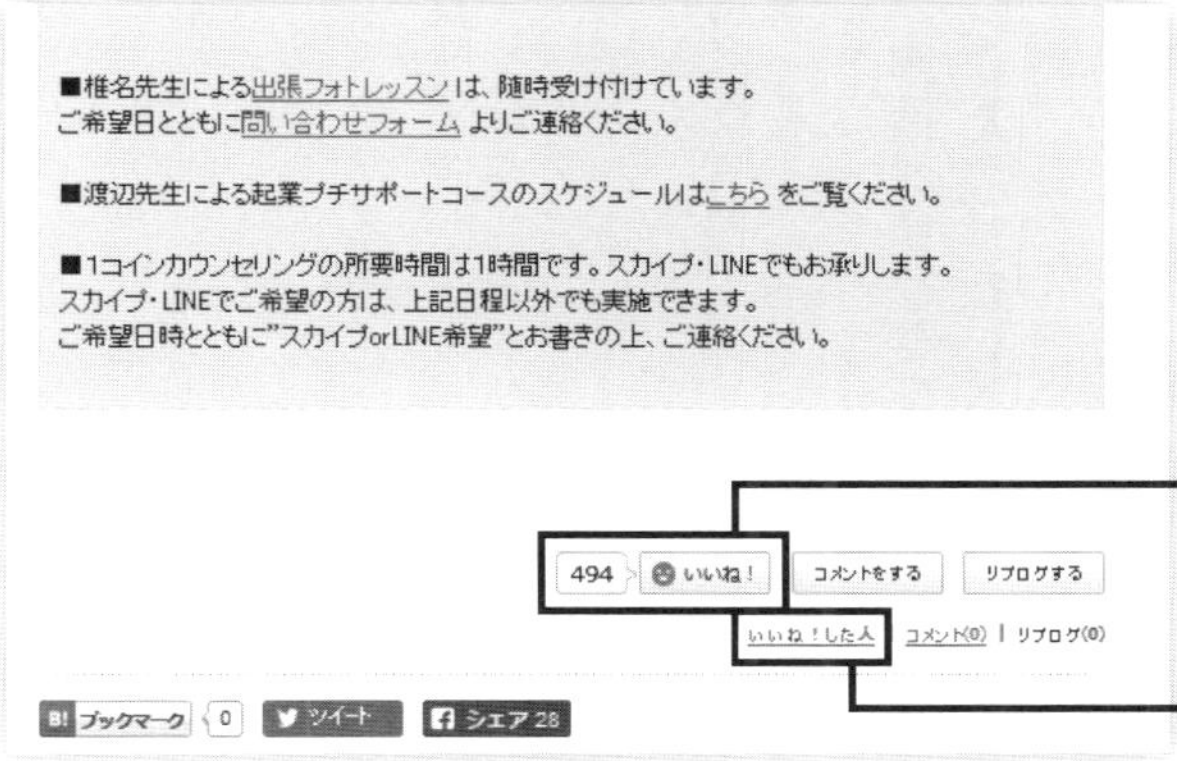

アメーバ会員限定で「いいね！」を押すことができます。
「いいね！した人」を押すと、誰が「いいね！」を押したかがわかります

POINT

アメブロのコミュニティ機能である“読者登録”や“いいね！”ボタンをを有効に使って、ブログを多くの人に知ってもらう努力をしましょう。

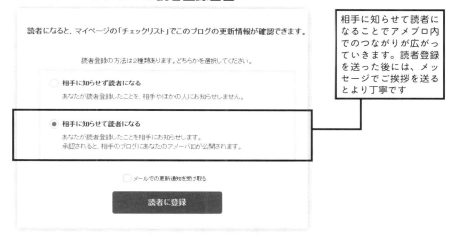

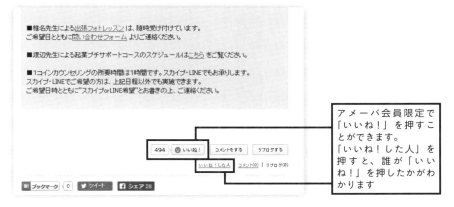

Section
6-06

SNSツールの活用方法

どのような使い分けがお勧めですか？

お教室を多くの人に知ってもらうために、インターネット上で人と簡単につながれるSNS（＊）もぜひ活用しましょう。Facebook（フェイスブック）、Instagram（インスタグラム）、LINE@（ラインアット）、Twitter（ツイッター）など、お教室でよく利用されるSNSツールの特徴を知った上で、自分のお教室に合うものを選びましょう。

どのSNSが合うかを選ぶには、お教室のターゲットとなる生徒さんと同じ年代や性別の人が、普段どんな端末やSNSを使っているかリサーチしてみるといいでしょう。

たとえば生徒さんの年代が高くて、スマートフォンをあまり利用していない場合、スマートフォンでしか使えないInstagramやLINE@よりも、パソコンでも使えるFacebookやTwitterのほうが合う、などと判断できます。

また、投稿したい内容によっても、相性のよいSNSが異なります。たとえばFacebookは文章が中心ですが、Instagramは写真が中心です。お教室のコンセプトや講師の想いなどを文章で伝えていきたい場合はFacebookが適していて、生徒さんの作品や料理など写真でお教室の魅力を伝えていきたい場合はInstagramが合っていると判断できます。

言葉選びや写真の出来栄えにこだわりたいSNS

前項のブログと同様で、どのSNSを使うにしても、重要なのは投稿の内容であり、生徒さん募集ばかりでは面白くありません。読む側にとって面白い、役に立つ投稿を心がけていきましょう。

またSNSでは、短い文章やたった1枚の写真で、お教室のよさや面白さを伝えていかなければなりません。短い投稿の中で魅力が十分に伝えられるように、言葉選びや写真の出来栄えにこだわりましょう。

お教室に人気のＳＮＳの特徴

ＳＮＳツール	使える端末	投稿の形式	投稿例
Facebook	パソコン・スマホ	文章がメイン（写真も投稿可）	お教室の日頃の様子・講師の想いなど
LINE@	スマホ	文章がメイン	お教室の最新のスケジュール・キャンペーン情報など生徒さんに確実に届けたい情報
Twitter	パソコン・スマホ	文章がメイン（140字数制限あり）	お教室の日頃の様子などを短くまとめたもの
Instagram	スマホ	写真がメイン	生徒さんの作品写真やレッスン写真など

※ＳＮＳ：ソーシャルネットワーキングサービス。人と人とのつながりを促進するコミュニティ型の会員制のサービスのこと。

POINT

どのＳＮＳツールを使うにしても、投稿内容が一番大事。お教室の宣伝ばかりではなく、読み手が面白い、役に立つと思える投稿を意識しましょう。言葉選びや写真の出来栄えには特にこだわりましょう。

Section
6-07

Facebookの使いこなし方

個人ページとお教室のページをどう使い分けますか？

日本で2400万人（2015年3月時点）が利用しており、お教室の講師にも人気のFacebook。すでに個人的に使っている方もいると思いますが、Facebookでは「お教室用のページ」を作成することもできます。個人のページとお教室用のページをどう使い分けるのがよいでしょうか？

まず個人のページは講師の実名でつくり、知り合いや友人とFacebook上での〝友達〟になってつながっていきます。実際の知り合いが多い人ほどFacebook上の友達も増えやすく、投稿も多くの人に読まれるようになります。

一方、お教室用のページは「Facebookページ」と呼ばれ、ページに「いいね！」を押した人に最新の投稿を届けることができます。個人のページと違ってFacebook上で友達を増やしたり、知り合いとつながったりする機能はありません。また個人のページとは切り離されていて、誰がFacebookページを運営しているかは、設定で公開しない限り知られることはありません。

個人ページとFacebookページの使い分け

個人のページよりもFacebookページをメインで運用したいという方が多いのですが、開業したばかりで知名度がない時にFacebookページの「いいね！」を集めるのは至難の業です。Facebookページは「いいね！」が集まらなければ、せっかく投稿しても多くの人に情報が届けられず、効率的とは言えません。

そのため、開業直後はまずは個人のページをつくり、知り合いや友人を中心にお教室の知名度を上げることを優先するのがいいでしょう。知名度が上がってきたらFacebookページをスタートさせて、興味がある人に最新の情報を届ける場として運営していく、という流れをお勧めします。

お教室の Facebook ページ例

テーブルコーディネート教室　Table Planning Chouette (66 ページ)

https://www.facebook.com/tpc.tablestyle

主宰 中江利会子さん

「レッスン情報をこまめにアップするようにしています。またブログと Facebook ページ、個人の Facebook をすべて見てくれている人もいるので、全部が同じと思われないように、アップするタイミングをずらしたり、写真を変えてアップするように工夫しています」

POINT

開業当初はまずは個人用のアカウントを使って、お教室の知名度を上げましょう。お教室の知名度が出てきたら、Facebook ページをつくって「いいね！」を集めましょう。

Section
6-08

Instagram（インスタグラム）の使いこなし方

どのようにフォロワーを増やせますか？

最近人気が上昇しているSNSの1つがInstagram（インスタグラム）です。写真で投稿をしていくタイプのSNSで、流行に敏感な女性を中心に人気が広がっています。

お教室でもInstagramを取り入れる動きが広がっていて、料理やパン、お菓子教室などおいしそうな写真が撮れるお教室や、お花やクラフトなど美しい作品写真が撮れるお教室で活用されています。お教室の写真を気に入った人のことを〝フォロワー〟と呼び、フォロワー数は投稿の人気のバロメーターとなります。

Instagramを使う最大のメリットは、お教室の世界観をビジュアルで伝えやすいことです。ブログやFacebookと違って文章がほとんど入らないため、写真の印象を強く伝えることができる分、写真の出来栄えが人気を大きく左右します。写真を見ただけで「このお教室に通ってみたい」と思ってもらえるような出来をめざしましょう。

〝ハッシュタグ〟を使いこなそう

Instagramの機能の1つに「ハッシュタグ」があります。ハッシュタグとは、#食器、#ハンドメイド、#ハート柄など、写真の特徴をキーワードで表記できる機能です。たとえば食器の写真を探している人は、Instagramで「#食器」と検索すれば、食器のハッシュタグがついた写真を一覧で見ることができます。

投稿する写真に合うハッシュタグをつけておくことで、キーワードで検索した人に見てもらうことができ、新しいフォロワーが増えるきっかけとなります。

Instagramには、よい写真を見つけたときに他の人に知らせるFacebook上の「シェア」のような機能はありません。そのためFacebookやTwitterなど、口コミが広がりやすいツールと並行して利用するのがお勧めです。

お教室の Instagram 例

ポーセラーツサロン Celeste(セレスト)

https://www.instagram.com/celeste_porcelarts

主宰 佐野千津子さん

「写真は自然光で撮影しています。食器が素敵に見えて、なおかつお料理がおいしく見えるように工夫しています。ハッシュタグには、検索しやすくわかりやすい単語を選んでつけています」
ブログ：http://ameblo.jp/celeste2015/

POINT

インスタグラムは写真の出来具合が人気を左右します。パッと見ただけで「このお教室に通ってみたい」と思ってもらえる写真をめざしましょう。

Section 6-09

LINE@(ラインアット)の使いこなし方

通常のLINEと何が違いますか？

コミュニケーションツールとして広く使われているLINE（ライン）が、お教室でも使えることをご存じですか？

ここではお教室に便利な〝LINE@（ラインアット）〟というサービスをご紹介しましょう。

通常のLINEでは、講師と生徒さんが友だちになる際に、講師のプライベートのアカウントを使わなければなりませんでした。また生徒さんと講師のトークが、グループ内の他の人にも見られてしまうというデメリットがありました。

LINE@を使えば、講師のアカウントとは別に、お教室のアカウントをつくることができます。また講師から生徒さんに一斉メッセージを送ることができ、生徒さんとのトークを他の人に見られることもありません。このようにLINE@には通常のLINEにはない機能が揃っていて、お教室で使いやすいサービスといえます。

使いこなしたいメッセージ・1：1トーク機能

ではLINE@をどのようにお教室で使うといいでしょうか？

1つはメッセージの一斉配信機能を使い、お教室の最新のキャンペーンやイベント情報など、生徒さんが知りたい情報を流す使い方です。ただし、あまりに多くメッセージを送りすぎるとブロックされてしまう可能性があるので、送る内容は厳選するのがよいでしょう。

また1：1トークを使って、生徒さんからのお問合せや予約の受付に使うのもいいでしょう。最近は電話やメールで問い合わせするよりも、LINEのほうが使いやすいという人も増えているので、問い合わせ数が増えることが期待できます。

LINE@ の活用例

モノづくりカフェ　みちくさアートラボ

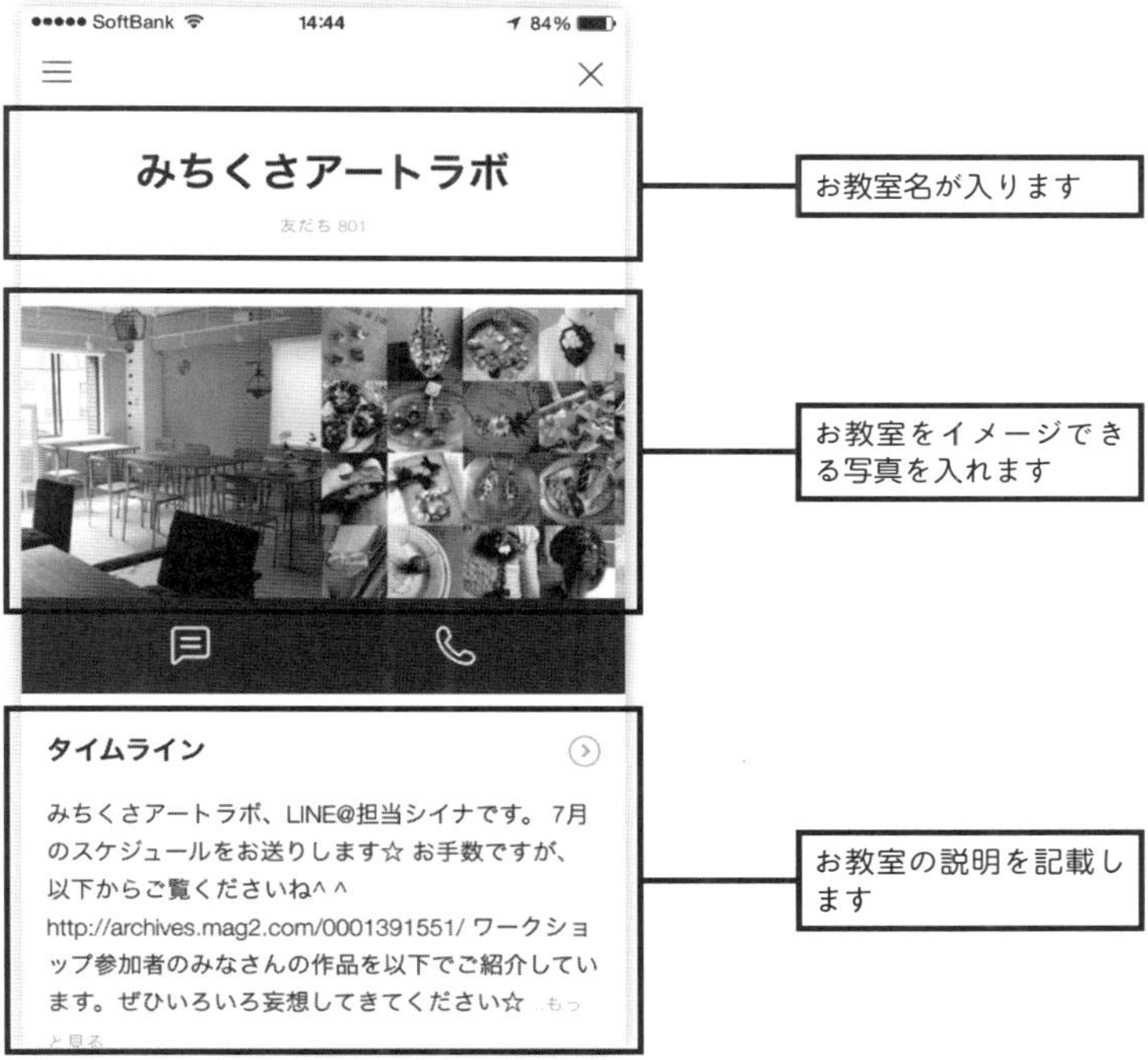

LINE ID　@michikusa

主宰 椎名恵叶さん

「2016 年の春より本格的に LINE@ を使いはじめました。講座の最新情報を流したり、お客さんからの問い合わせ対応に使ったりしています。友だち申請の数もどんどん増えていて、メールよりも LINE のほうが使いやすいという生徒さんが多いことを実感します」

HP：http://michikusaartlab.com/

POINT

LINE@ を活用するお教室が増えていています。電話やメールでの問い合わせ以外に、LINE@ でも問い合わせが受けられるように準備してみましょう。

Section 6-10

ネットショップの開設

簡単に開くことができますか？

お教室を運営しながら作品も販売したい、そんな時にお勧めの方法がインターネット上で作品を販売するネットショップの開設です。

ネットショップには大きく2通りのつくり方があります。1つはショッピングモールに出店する方法で、minne（ミンネ）やCreema（クリーマ）など、ハンドメイド作品専門のモールを利用します。モールの中に自分のアカウントを作成し、他の出店者と一緒の場所に自分の作品を並べて販売します。

もう1つは自分でネットショップを作成する方法です。ＢＡＳＥ（ベイス）やカラーミーショップなど、ネットショップを作成する専門サービスを利用すれば、自分だけのショップを簡単に開くことができます。

モールへの出店とショップの作成、どちらが便利？

ショッピングモールへ出店する一番のメリットは集客力です。ショップを自分で作成した場合は、キーワード対策も自分で行なわなければならず、お客さんにショップを見つけてもらうのが大変ですが、ショッピングモールの場合はモール自体に集客力があるので、多くの人が訪れてくれます。またデパートやイベントへの出展のチャンスも与えられます。

一方、自分でネットショップを作成するメリットは、ショップの見かけをオリジナルなデザインに仕上げて、ショップのブランドイメージを強く発信できることです。

販売手数料はショッピングモールへ出店するほうが割高に設定されています。自分でネットショップを作成する場合は、販売手数料が安い、または無料である一方で、毎月の固定費用が発生します（ＢＡＳＥは固定費用無料）。

メリットデメリットを比較して、自分に合う販売方法を探しましょう。

お教室のネットショップの例

キャンドル教室 Bonchic

主宰 Bonchic さん

ネットショップではたくさんの商品の中から選んでいただくため、写真選びは重要です。商品が持つ世界観が伝わるような、背景の色や小物使いにこだわった写真を選びます。またお客様はネットだけを見て注文するので、届いた商品とネット上の色合いがなるべく違わないように気をつけて撮影しています。
minne や Creema では全体的にお手頃な価格設定ですが、材料費＋自分自身の作品づくりの人件費を計算して適正価格をつけるのがよいでしょう。またプレゼント用に購入される方が多いので、無料でラッピングをおつけすると大変喜ばれます。

POINT

インターネットで作品を販売するには、ショッピングモールに出店する、または自分でネットショップを作成するという方法があります。メリット・デメリットを比べながら、自分に合う販売方法を探しましょう。

Section 6-11

検索キーワード対策

すぐにできる対策はありますか？

お教室のホームページやブログを多くの人に見てもらうために、検索キーワード対策が必要なことをご存じですか？　検索キーワード対策とは、たとえば「品川区　お菓子教室」や「横浜市　フラワーアレンジメント教室」などのキーワードをGoogleやYahoo!で検索した際に、ホームページやブログが上位に表示されるようにする対策のことです。

昔は、キーワードをホームページの見えない所に隠しておけばよいなどと言われましたが、今時点でそうした裏技に効果はありません。検索対策で最も効果があるのは、「読者に良質なホームページ（ブログ）を届けること」です。ここでいう〝良質〟なホームページ（ブログ）とはどのようなものでしょうか？

どんなホームページが上位表示されやすいのか

2つの手づくりアクセサリー教室のホームページがあるとします。1つは1ページだけのホームページで、内容は教室の簡単な宣伝のみ。もう1つは手づくりアクセサリー情報が詰まったホームページで、アクセサリーのつくり方やお勧めの書籍、材料の仕入れ方など、手づくりアクセサリーに興味がある人にとって役立つ情報が満載です。

この2つを比べた時、良質なホームページとみなされるのは後者であり、キーワード検索でも有利となります。ホームページにどのような情報を載せるかがキーワード検索対策にとって重要なことがわかります。

キーワードの選び方も大事です。アクセサリー教室を探す人が全員「アクセサリー教室」と検索するわけではなく、「手づくり　リング　教室」や「シルバージュエリー　教室」など、人によってキーワードは異なります。情報満載のホームページをつくれば、さまざまなキーワードが文章内に含まれるため、結果的に十分な検索キーワード対策ができることになります。

検索キーワード対策

手づくりアクセサリー教室

▼

約 390,000 件

お仕事帰りにアクセサリーづくりを体験！
www.XXXXXXXX.JP－キャッシュ
都内５カ所の体験教室。今人気のアクセサリーが２時間でつくれます！
【入門コース】【中級コース】【上級コース】・・・・・・・・・・・・・・・・・

東京のアクセサリー教室
www.XXXXXXXX.JP－キャッシュ
ピアス、ネックレス、リング――どんなアクセサリーでも○回で制作できます。
無料体験コースのお申込み受付中・・・・・・・・・・・・・・・・・・・・・・・

少人数レッスンの手づくりアクセサリー教室「ミスト」
www.XXXXXXXX.JP－キャッシュ
自由が丘駅から徒歩７分。個人経営の手づくりアクセサリー教室です。
１回のレッスンは５人以下なので、きめこまやかに教えることができます。アットホームな雰囲気の中、自分だけのアクセサリーを…

たった１ページの教室の宣伝ばかりのホームページ

教室情報の他に手づくりアクセサリー情報がぎっしりと詰まったホームページ

POINT

キーワード検索で上位に表示されるための裏技に効果はありません。多くの人に役立つ良質の内容を発信できることが、キーワード検索対策につながります。

お教室講師の先輩
Interview
❻

Q. お教室のコンセプトを教えてください

「プロテイン（タンパク質）をおいしく摂取できるスイーツ・パン・料理」をテーマに、全オリジナルレシピでのレッスンです。私自身がミス健康美 2009 全国大会優勝を目標にし、カラダづくり & ダイエット用として考案したレシピがベースとなっています。

Q. どんな生徒さんが集まっていますか

20 ～ 60 代後半。ダイエット目的の方、ジムトレーナー、スタジオインストラクター、アマチュアランナー&アスリート、フィットネス愛好家の他、スポーツに励むお子様を持つお母様、食が細くなった高齢のご両親にタンパク質の摂れるおやつづくりをしたい方などにもご参加いただいています。上野駅から徒歩圏内なので、新幹線等で全国からお越しいただいております。

Q. レッスンで生徒さんの満足度を上げるために工夫していることを教えてください

メイン素材となるホエイプロテインパウダーは、小麦粉と比較して 25 倍という高額素材！ バターや生クリームの代替素材としてココナツミルクやチーズも多用するため、材料費が高額になります。それをレッスン料金にそのまま反映させないよう、企業様・メーカー様に協賛依頼をしたり、タイアップレッスンとなるよう提案したりするなど、さまざまな工夫をしています。

Q. お教室の仕事以外にも、法人との仕事など幅広く展開されています。
仕事の幅を広げるために意識していることはありますか？

東京ビックサイト、幕張メッセなどの展示会に足を運び、メーカー担当者様と名刺交換をさせていただき、後日企画書を送るようにしています。またメーカー主催のイベントやレシピコンテストに応募して、きっかけをつくることもしています。レッスンで使用したい商品が明確な場合はターゲット商品を購入して、使用した感想や活用アイディアをブログに掲載した上でメーカーに連絡し、企画書を送るという方法も取っています。

お教室名：プロテインスイーツ Ⓡ 教室アリエス
レッスン内容：プロテインスイーツ Ⓡ・プロテインブレッド・低糖質パン教室
講師名：山崎志保さん
HP：http://ameblo.jp/shiho5055/
場所：東京都台東区入谷駅
1回あたりのレッスン人数：4～6名
レッスン単価：1回 6,000 ～ 1 万円（3～4品／３時間）

☑ お教室開業までのチェックシート⑥

□お教室に合うウェブツールの選び方はわかりましたか？
□ホームページをつくるさまざまな方法はわかりましたか？
□効果的な検索キーワード対策の方法はわかりましたか？

1 お教室で利用したいウェブツールにチェックしましょう

ウェブツール	チェック
ホームページ	□
ブログ	□
Facebook	□
Twitter	□
LINE@	□
Instagram	□
ネットショップ	□

2 ブログで発信したい内容を書いてみましょう

3 SNSツール（Facebook、Instagram など）で発信したい内容を書いてみましょう

Chapter
7

開業とお金、手続きのはなし

Section
7-01

開業にはいくら必要ですか？

お金のことを考えるのが苦手なのですが……

お教室の開業をめざす方には、「お金のことを考えるのが苦手で……」というタイプが少なくありません。せっかくお教室を開いたのに、お金が足りずにやめざるを得ない、ということにならないよう、しっかりお金のことも考えていきましょう。

お教室の開業に必要な費用は、3つに分けて考えるとすっきりします。

1つめは〝開業費〟で、開業に必要なものを準備するための費用です。椅子やテーブル、冷蔵庫やオーブンなどの家具や電化製品、レッスンの道具やお皿、コップなどの小物類の購入の他、物件を契約する際の契約金、ホームページやチラシの制作費、レッスン材料の初回仕入、スキル取得のためのセミナー代などがあり、開業前に支払うものです。

2つめは〝運営費〟です。開業した後のお教室の運営にかかる毎月の費用で、家賃や光熱費、水道代、通信費、ホームページの運営費やチラシの広告費、お教室で使う材料の仕入れなどが含まれ、毎月支払いを行なうものです。

3つめは〝生活費〟です。自宅の家賃や食費、光熱費や通信費、保険料など、お教室の運営費用とは別に、自分や家族が生活するために必要な支払いです。

見落としがちな開業直後の運営費と生活費

開業にいくら必要かを考える際には、開業費のみに目がいきがちなのですが、お教室を開業した後の運営費や生活費もきちんと見込んでおきましょう。お教室開業後、生徒の集客が安定するのに半年～1年程度かかることが多いので、最低でも半年分の運営費と生活費を、お教室開業に必要な額として計算しておきましょう。また生徒さんの集客が安定しない間は、この1～3の費用をなるべく安く抑えられるように、工夫を凝らしていきましょう。

開業に必要な３つの費用

開業費 **開業に必要なものを準備するための費用**

含まれる主なもの

- □スペースを借りる際の契約金・保証金など
- □椅子やオーブンなどの家具や電化製品の購入費用
- □鍋やお皿など小物類の購入費用
- □ホームページやチラシ、名刺の制作費
- □材料の初回仕入、試作品の費用、梱包材費用など
- □スキル取得のためのセミナー代、書籍代など
- □コピー用紙・文具などの事務用品費用

運営費 **開業した後のお教室の運営にかかる毎月の費用**

含まれる主なもの

- □賃料やスペースレンタル代
- □お教室にかかる光熱費、水道代、通信費など
- □ホームページの運営費やチラシの広告費など
- □レッスン材料の仕入れなど
- □交通費、消耗品費、雑費など

生活費 **自分や家族が生活するための必要な支払い**

含まれる主なもの

- □自宅の家賃
- □自宅の光熱費、水道代、通信費
- □食費
- □教育費、保険料など
- □娯楽費、交際費、雑費など

POINT

お教室の開業にいくら必要かを考えるには、開業費用だけではなく、開業後半年分のお教室の運営費や生活費も計算に入れましょう。

Section 7-02

どのくらいの収入をめざしますか？

目標を決めたほうがいいですか？

開業したら、毎月どのくらいの収入が見込めるのでしょうか？　お教室の講師という仕事は個人事業主ですので、定期的な収入は保証されず、すべては講師のやり方次第となります。皆さんがどの程度の収入をめざしたいかによって、レッスンの価格やレッスン数、1レッスンあたりの生徒さんの数が決まるので、まずは目標の収入を決めてみましょう。

たとえば、やりがいを重視して、収入の額にはあまりこだわらないという場合は、レッスン料を安めに設定し、レッスン回数や人数も少なめに抑えて、自分が進めやすいスタイルで行なうのがよいでしょう。一方でしっかりとした収入を得たいなら、レッスン料を上げ、レッスン回数や人数も増やす必要があります。また、その中間というやり方もあります。どれが正解というわけではないので、目標収入に合わせて、レッスン単価や人数を設定していきましょう。

収入を上げるためには、売上を伸ばすだけでなく、経費を抑えることも重要です。売上が月に45万円あって、もし経費が40％かかれば利益は27万円ですが、経費を30％に抑えられれば利益は31・5万円と、4・5万円多くなります。特に開業した直後で売上が不安定な時期には、場所代などの固定費をなるべく抑えることができないか、検討する必要があります。

収入の目標を決めることが自信につながる

収入の目標を決めないままお教室を運営していると、自分の希望通りの運営ができているかわからず、不安が生まれます。収入の目標をしっかりと定め、それに向かってお教室を運営することができれば、自信をもって進むことができます。収入の目標を達成するためには、毎月いくら売り上げるべきなのか、いつも頭の中におくようにしましょう。

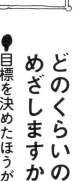

収入の目標タイプ別・売上計算例

やりがい重視タイプ

	レッスン単価	レッスン人数	開催回数 / 週	月
売上	3,500 円	3 人	2 回	84,000 円
場所代・諸経費・仕入 40%				33,600 円
利益				50,400 円

ほどほどタイプ

	レッスン単価	レッスン人数	開催回数 / 週	月
売上	4,000 円	4 人	3 回	192,000 円
場所代・諸経費・仕入 40%				76,800 円
利益				115,200 円

がっちりタイプ

	レッスン単価	レッスン人数	開催回数 / 週	月
売上	4,500 円	5 人	5 回	450,000 円
場所代・諸経費・仕入 40%				180,000 円
利益				270,000 円

がっちりタイプ（経費を抑えた場合）

	レッスン単価	レッスン人数	開催回数 / 週	月
売上	4,500 円	5 人	5 回	450,000 円
場所代・諸経費・仕入を 30% に抑えた場合				135,000 円
利益				315,000 円

4 週／月として計算

POINT

自分の収入の目標を決めることで、お教室の売上目標や使える経費の額も決まってきます。まずは目標を数字にしてみましょう。

Section
7-03

お教室の通帳をつくりましょう

生活費と混ざってしまうのですが……

無事にお教室を開業できた後も、月々の支払いが売上を上回り続けると、用意した貯金がすぐになくなってしまいます。お金がなくなってはじめて赤字だったことに気づく、なんてことがないように、毎月のお金の流れを把握するようにしましょう。

よく起きがちなのが、お教室とプライベートのお金が財布の中で混ざってしまい、お教室の本当の利益がわからない、ということです。生徒さんから受け取ったお金をそのまま財布にしまったり、お教室の経費を財布から支払ったりしているとすぐにお教室とプライベートのお金は混ざりますので、まずはその切り分けからスタートしましょう。

お金を切り分ける簡単な方法は、お教室用の銀行口座をつくることです。生徒さんからレッスン代や教材費を受け取る際には、この銀行口座に振り込んでもらいます。また、お教室で使う材料を仕入れたり、家具などを買ったりした時の支払いも、同じ通帳から引き落とします。こうすることで、銀行口座の通帳を見るだけでお教室の売上と支払を見ることができるようになります。

お教室の銀行口座の開き方

銀行口座は東京三菱ＵＦＪ銀行など普通銀行の他、ジャパンネット銀行などのインターネット銀行でも開くことができます。インターネット銀行のほうが、振込手数料が安く設定されている場合が多いようです。

銀行口座は、講師の個人名で開く方法と、お教室の名前（例：ミスト料理教室）で開く方法があります。多くのお教室では個人名の銀行口座を利用していて、特に運営上の問題はありません。お教室名の銀行口座を開くためには、開業届け（１５４ページ）を出している、お教室のホームページがあるなど、銀行が指定する条件を満たす必要があります。

お教室の通帳づくり

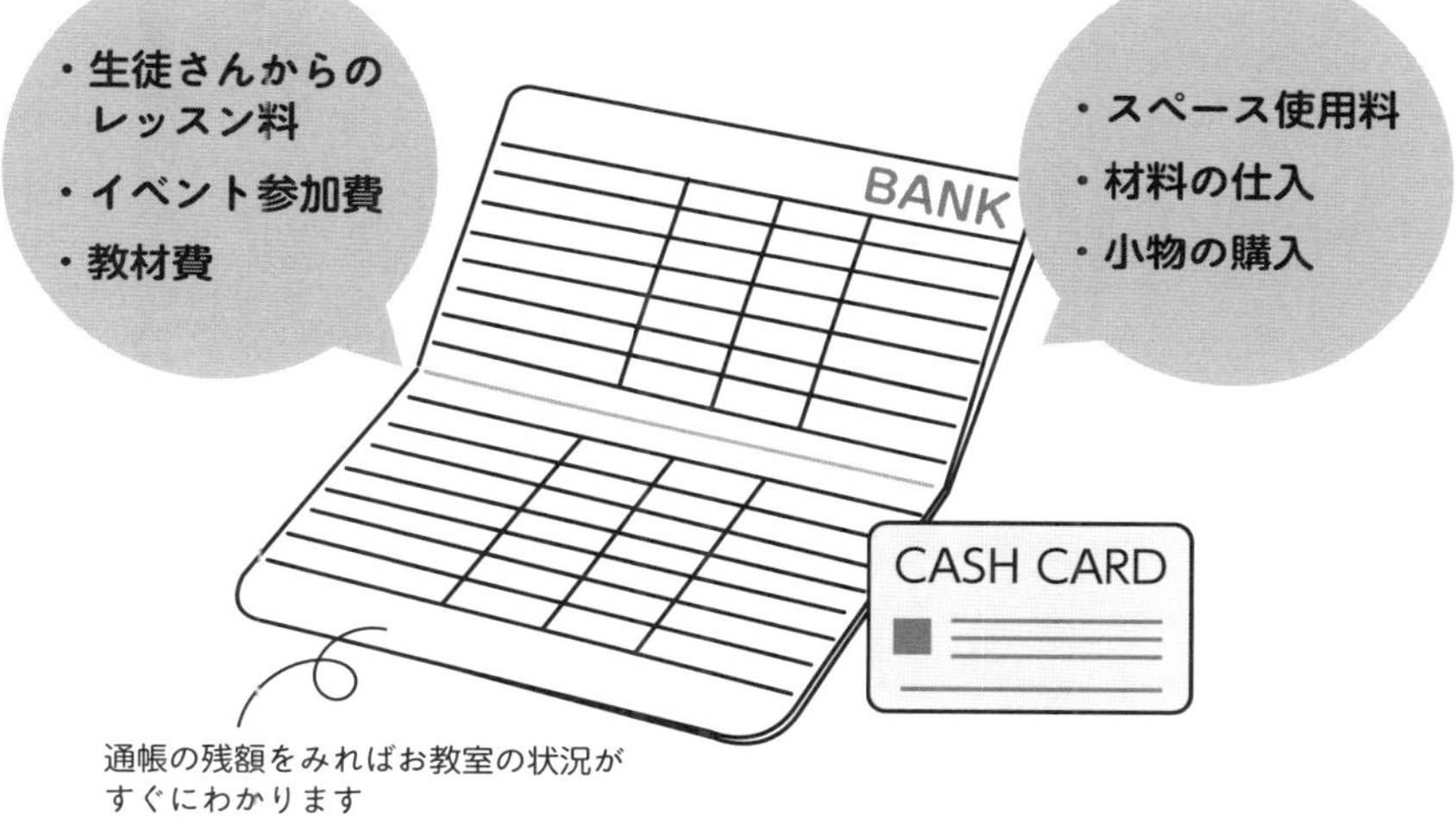

屋号で口座を開くことができる、お教室にお勧めのインターネット銀行

ジャパンネット銀行
ホームページがあり開業後半年経過している場合は開業届は不要。ホームページがあり開業半年以前の場合は開業届を提出。ホームページがない場合は開業届とともにパンフレットやチラシを提出。

楽天銀行
楽天銀行に個人口座を持っている必要があり、開業届の提出が必要。

（いずれも 2016 年9月時点）

POINT

お教室用の銀行口座をつくって、レッスン料の受け取りや材料費の支払いはその口座で行なうようにしましょう。通帳を見るだけで、お教室のお金の流れを把握できるようになります。

Section
7-04

領収書の発行と受け取り

どのように管理するのがよいですか?

生徒さんからのレッスン料を銀行振込ではなく現金で受け取った際はどうすればよいでしょうか。何の記録もせずにそのまま財布に入れると、すぐに生活費と混ざってしまいますので、たとえ少額でも現金を受け取った時は領収書を発行するようにしましょう。

領収書は文房具店や100円ショップなどで購入できます。記入紙の裏側がカーボン紙になっている複写式タイプのものを選べば、領収書を発行するたびに控えが手元に残り、現金での売上を把握できるようになります。

領収書には宛先や日付、受領金額、但し書き、お教室名と住所を入れます。お教室名と住所を毎回記入するのが大変な場合は、ゴム印(スタンプ風のはんこ)をつくれば手間が省けます。ゴム印はインターネットなどで注文できます。

では、レッスンの材料等を現金で支払った場合にはどうすればよいでしょうか? その場合は購入したお店から領収書を受け取って保管しておきます。お店から領収書がもらえない場合は、レシートでも問題ありません。何を購入したものなのかをメモとして領収書に書き足しておくと、後から整理する時に便利です。

領収書は定期的に帳簿に記入

領収書を発行した後に残った控えは保存しておき、定期的に売上として帳簿に記入します。支払いの際に受け取った領収証も、消耗品費、新聞図書費、雑費など仕訳をした上で、定期的に帳簿に記入します。受け取った領収書は保存する義務がありますので、月ごとなどに整理しておきましょう。

売上や経費の帳簿への記入には個人事業主用の会計ソフト(156ページ)を利用すれば、毎月の利益が把握できるだけでなく、毎年の確定申告に必要な書類もつくることができます。

お教室の領収証の記入例

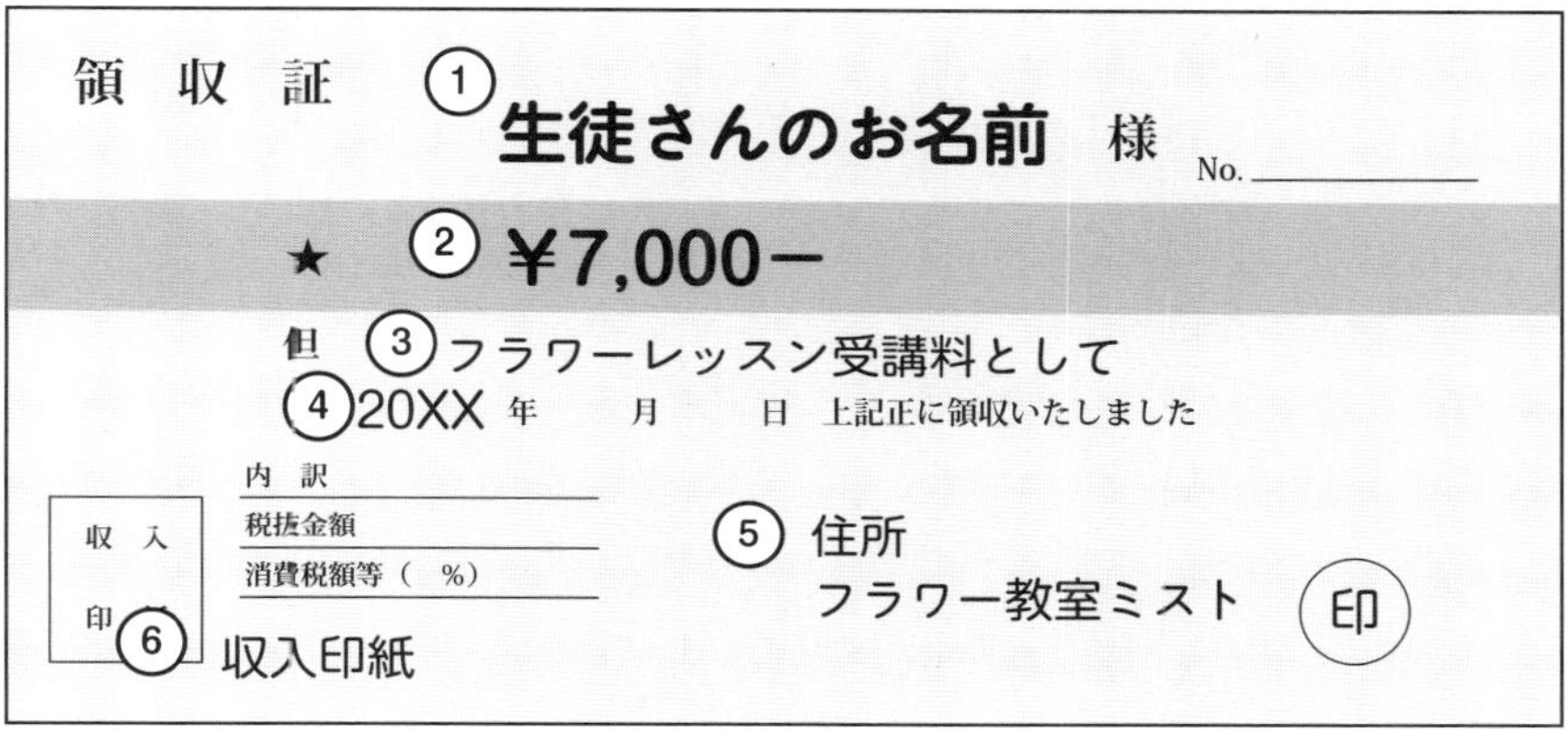
領　収　証　①生徒さんのお名前　様　No. ＿＿＿＿

★　②￥7,000－

但　③フラワーレッスン受講料として

④20XX 年　　月　　日　上記正に領収いたしました

内　訳

税抜金額

消費税額等（　%）

収　入　印　紙　⑥収入印紙

⑤住所

フラワー教室ミスト　印

① 宛名を書きます

② 受け取った金額を入れます。改ざんを防ぐために、数字の前に「￥」マーク、末尾に「－」（ハイフン）を入れて、3桁ごとに「,」を入れます

③ 何のサービスに対する支払いなのかを具体的に記載します

④ 金銭を受け取った日付を入れます

⑤ 住所とお教室名、または講師の氏名を記入し、押印します。印鑑は個人名のものでも構いませんが、お教室名の印鑑があればそれを押します

⑥ 金額が５万円以上の場合は収入印紙を貼り、割り印を押します

（いずれも 2016 年9月時点）

POINT

生徒さんから現金を受け取った時は、領収書を発行して、控えを手元に残しましょう。またお教室に必要なものを買った場合にも、領収書をもらって保管するようにしましょう。

Section
7-05

帳簿はお教室の家計簿

なぜ帳簿つけは大切なのですか？

個人事業主であるお教室講師は、毎年3月に確定申告（156ページ）をして納税しますが、1年分の領収書を処理しないまま溜めてしまい、毎年大慌てという方がいらっしゃいます。確定申告さえ行なえば税金の支払いはできますが、それまでに収入も支出も把握できていなければ、お教室が赤字なのか黒字なのかが年に1回のタイミングでしかわからない、ということになります。

これを家庭の家計簿に置き換えると、毎月赤字なのか黒字なのかがわからないまま生活費や娯楽費を使い続けて、翌年の3月になってはじめて、昨年1年間が実は赤字だった（または黒字だった）ことがわかる、ということです。3月になって昨年分が赤字だったとわかったところで、過去の支出を減らすことも、収入を増やすこともできません。でも、もっと早くわかっていれば、節約したり収入を伸ばすなど、手が打てたかもしれません。

お教室の収支も同じで、毎年1回だけではなく、月々の収支を把握するようにしましょう。

それでは、お教室の収支が赤字になっていた場合、どんな手を打てばよいのでしょうか？

お教室が赤字の場合、黒字の場合

赤字の場合にすぐに手をつけたいのは支出を減らすことです。無駄にかかっている経費がないかどうかを見直してみましょう。同時に、売上を上げるために、お教室の宣伝に力を入れられないか、レッスン内容をよりよいものにできないかなどの手を打っていくのがよいでしょう。

逆に収支が黒字の場合、資金に余裕があるうちに将来役立つものを購入しておくなどの判断ができます。

月ごとのサイクルで教室の収支を把握して、早めに次のアクションが取れるようにしましょう。

月々の帳簿チェック

赤字の場合

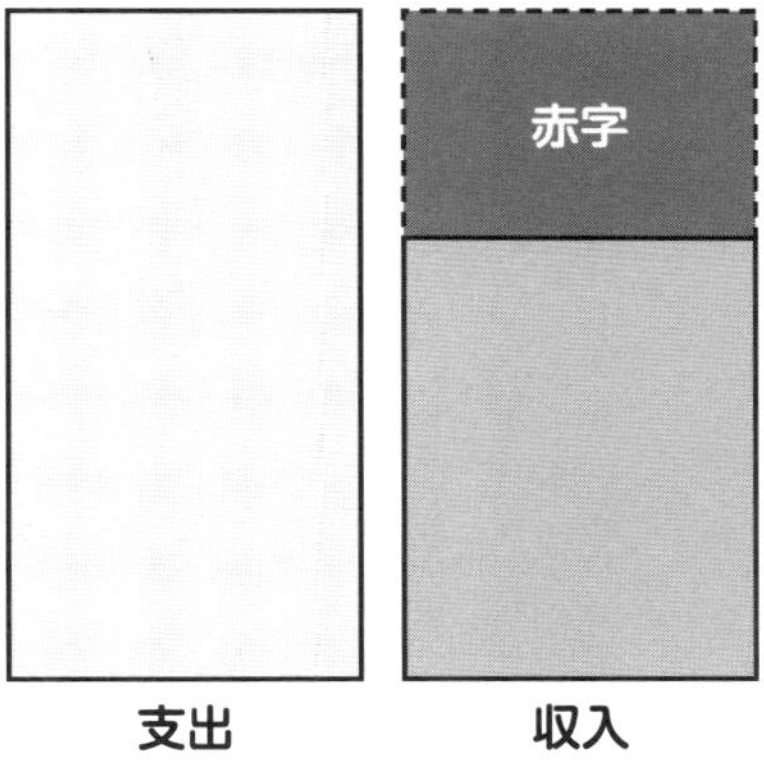

・来月以降、赤字を減らすために、支出を抑えよう
ホームページの管理費を減らすことはできないかな

・新しいレッスンメニューをつくって、生徒さんが集客できるように工夫しよう

黒字の場合

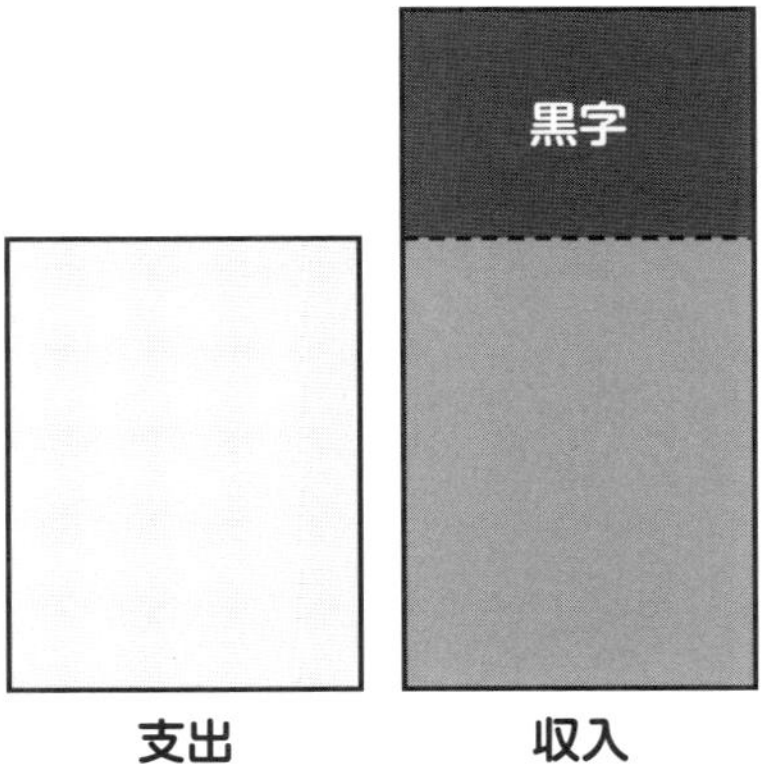

・黒字を利用して、レッスンをスムーズに進められるための機材を購入しよう

・チラシをつくってみて、もっと集客を加速させよう

POINT

年に1回だけではなく、月ごとのサイクルで教室のお金の状況を把握することで、次のアクションが早く取れるようになります。

Section 7-06

レッスン料の値上げについて

値上げはしないほうがいいですか？

お教室のレッスン料は一度決めてしまうと値上げすることが難しい、という話をよく耳にします。レッスン料の値上げを避けるために、開業時からあえて高めの価格を設定する方もいます。本当に値上げは避けたほうがよいのでしょうか？

実際は、開業してからずっと同じレッスン料を続けているお教室のほうが少ないと言えます。開業したばかりでお教室の知名度が低く、講師の経験も十分でない時に強気な高い価格をつけても、価格への納得感がなく、集客に苦労します。開業当初は安めのレッスン価格にして、数年たったタイミングで値上げを検討するお教室が多いようです。

値上げの際に注意したいこと

では、レッスン料を値上げする時にはどんなことに気をつければよいのでしょうか？　たとえば昨日まで4000円だったレッスン料を、ある日説明もなしに5000円に上げてもよいものでしょうか。

レッスン料を上げる際には、値上げの経緯と値上げの理由を、しっかりと生徒さんに説明することが重要です。値上げの経緯については、レッスン料を値上げしないために、今までにお教室としてどんな工夫をしてきたかを伝えるとよいでしょう。また値上げの理由については、「材料費が高騰しているため」や「より利便性のよい所に引っ越すため」など、生徒さんが納得できるように説明しましょう。

それでも数％の生徒さんは、値上げとともに辞めてしまうかもしれません。お教室離れを少しでも食い止めるために、値上げのタイミングでレッスン内容を見直し、より高い価値を感じてもらえるようにしましょう。また既存の生徒さんに対しては、値上げする時期を他の生徒さんよりも遅らせるなど、特に配慮しましょう。

値上げで気をつけるべきこと

講師

知り合いにも来てもらっているので、値上げを切り出しにくいです。以前からの生徒さんの価格は変えずに、新しい生徒さんの料金だけ値上げするのはどうでしょうか？

池田

あまりお勧めしません。新しい生徒さんが他の人と価格が違うことに気づくと、不公平感につながります

講師

どのように値上げを切り出すのがよいでしょうか？

池田

突然価格だけをあげるのは受け入れてもらいにくいので、レッスンの内容や進め方など、レッスン体系を見直すタイミングで、価格も一緒に変更するのがスムーズでしょう

講師

値上げで気をつけることはありますか？

池田

値上げの理由をしっかりと伝えるようにしましょう。中には値上げをきっかけに辞める生徒さんもいるかもしれませんが、急に決断を迫るのではなく、考えてもらう時間を十分にとりましょう

POINT

レッスン料の値上げはどうしても避けられません。値上げの理由をしっかりと生徒さんに説明できるようにしましょう。

Section
7-07

開業に必要な届け出について

どんな届け出が必要ですか？

お教室を開業するには、どのような届け出が必要でしょうか？

お教室の講師の肩書は一般的に〝個人事業主〟となります。個人事業主とは、会社をつくらずに自分で仕事を行なっている人のことで、〝自営業〟とも呼ばれます。

個人事業を開業するにあたっては、特に許可も必要なく、証明書等も発行されません。

ただし開業してから1ヶ月以内に税務署に「個人事業の開業・廃業等届出書」（以下開業届け）を提出する必要があります。開業届けを出さないまま1ヶ月以上が経過してしまっても、特にペナルティはありませんので、早めに近くの税務署で手続きを行ないましょう。開業届けはインターネットからダウンロードして記入し、税務署に郵送して提出することもできます。

なお、お教室名で銀行口座を開きたい場合に、この開業届けの控えが必要な銀行があります。その他にも公的な証明書として使用しますので、税務署に開業届けを提出する際に、原本と一緒にコピーも提出し、受領印を押してもらって控えを保管しておきましょう。開業届を郵送で提出する場合は2部を送り、返信用の封筒と切手を同封しましょう。

お教室以外の事業を行なう場合には、必要な届け出を要チェック

〝お教室〟という形式で生徒さんにレッスンを行なう分には、その他に必要な届け出はありません。

ただし、たとえばレストランのように食品を調理してお客に提供したり、喫茶店のように飲物や茶菓をお客に提供したりする場合は、保健所の営業許可が必要となります。その他にも、お菓子やお惣菜の販売、化粧品の製造などをする場合には届け出が必要となるので、お教室以外のサービスを提供したい場合には、まず必要な届け出を調べましょう。

開業・廃業等届出書の記入例

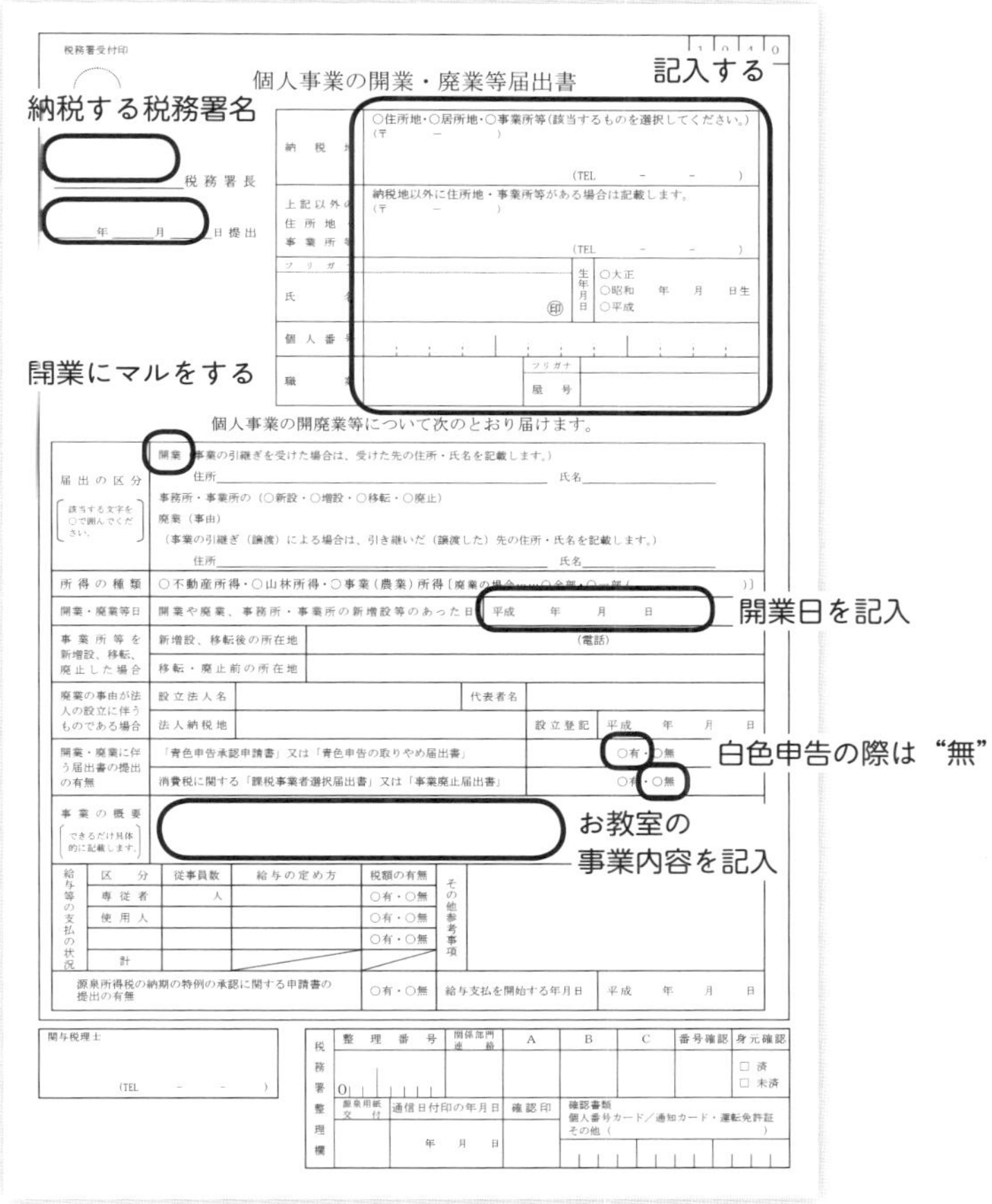
税務署受付印
1 0 4 0
個人事業の開業・廃業等届出書
税務署長
年　月　日提出
納税地　○住所地・○居所地・○事業所等（該当するものを選択してください。）（〒　－　）（TEL　－　－　）
上記以外の住所地・事業所等　納税地以外に住所地・事業所等がある場合は記載します。（〒　－　）（TEL　－　－　）
フリガナ
氏名　㊞
生年月日　○大正 ○昭和 ○平成　年　月　日生
個人番号
職業　フリガナ　屋号
個人事業の開廃業等について次のとおり届けます。
届出の区分（該当する文字を○で囲んでください。）　開業（事業の引継ぎを受けた場合は、受けた先の住所・氏名を記載します。）住所　氏名
事務所・事業所の（○新設・○増設・○移転・○廃止）
廃業（事由）（事業の引継ぎ（譲渡）による場合は、引き継いだ（譲渡した）先の住所・氏名を記載します。）住所　氏名
所得の種類　○不動産所得・○山林所得・○事業（農業）所得〔廃業の場合……○全部・○一部（　）〕
開業・廃業等日　開業や廃業、事務所・事業所の新増設等のあった日　平成　年　月　日
事業所等を新増設、移転、廃止した場合　新増設、移転後の所在地（電話）　移転・廃止前の所在地
廃業の事由が法人の設立に伴うものである場合　設立法人名　代表者名　法人納税地　設立登記　平成　年　月　日
開業・廃業に伴う届出書の提出の有無　「青色申告承認申請書」又は「青色申告の取りやめ届出書」○有・○無　消費税に関する「課税事業者選択届出書」又は「事業廃止届出書」○有・○無
事業の概要（できるだけ具体的に記載します。）
給与等の支払の状況　区分　従事員数　給与の定め方　税額の有無　専従者　人　○有・○無　使用人　○有・○無　○有・○無　計　その他参考事項
源泉所得税の納期の特例の承認に関する申請書の提出の有無　○有・○無　給与支払を開始する年月日　平成　年　月　日
関与税理士（TEL　－　－　）
税務署整理欄　整理番号　関係部門連絡　A　B　C　番号確認　身元確認　□済 □未済　0　源泉用紙交付　通信日付印の年月日　年　月　日　確認印　確認書類　個人番号カード／通知カード・運転免許証　その他（　）

国税庁 HP28 年度版　https://www.nta.go.jp/tetsuzuki/shinsei/annai/shinkoku/pdf/h28/05.pdf

POINT

お教室を開業してから1ヶ月以内に、税務署に“個人事業の開業・廃業等届出書を提出しましょう。お教室以外の事業を行なう場合は、必要な届け出がないかどうかを調べましょう。

Section 7-08

確定申告について

どんな手続きが必要ですか？

個人事業主であるお教室の講師は、毎年「確定申告」をして納税をします。会社員時代は給与から税金が天引きされるため、確定申告になじみがない方も多いと思いますが、毎年行なう仕事になりますので、慣れていきましょう。

確定申告とは、1年間（1月1日～12月31日）の売上と経費を計算して、その差額の所得（利益）を税務署に申告するというものです。申告の時期は例年2月16日から3月15日となっています。

個人事業主の確定申告の方法には「白色申告」と「青色申告」があります。青色申告は白色申告よりも複雑な帳簿づけ（売上や支払の取引を記録すること）が必要で手間がかかりますが、最大65万円まで特別控除が認められたり、赤字を3年間繰り越せるなど多くのメリットがあります。平成26年から制度が変わり、白色申告と青色申告の手間の差はほどんどなくなったので、特に理由がない限りは青色申告を選ぶのがよいでしょう。

青色申告をするためには、「所得税の青色申告承認申請書」を事前に税務署に提出します。今年から青色申告したいと思っても急には変更できないので、注意しましょう。何も申請を出していない場合は、自動的に白色申告となります。

確定申告には便利な会計ソフトを使おう

白色申告、青色申告のいずれを選ぶ場合にも、パソコンやスマートフォンで使える会計ソフトを利用すると、毎月金額を入力するだけで、確定申告に必要な書類が作成できます。会計ソフトには、パソコンにソフトをインストールするインストール型と、インターネット上で利用できるクラウド型があります。どちらを利用してもよいですが、クラウド型は最新の税制に対応しているので、毎年買い替える必要がありません。

会計ソフトをつかった確定申告の流れ

1月 新しい年度のスタート
お教室の取引データ（売上・経費・仕入）を毎月会計ソフトに入力
▼
▼
▼
11月 生命保険料や社会保険料の控除証明書が届く
12月31日 年度の終了
１年分の取引データが会計ソフトに入力できているかチェック。
生命保険料や社会保険料の控除額を会計ソフトに入力。
すべての入力が完了したら、確定申告書を作成、印刷する。
▼
▼
2月16日～ 確定申告の受付スタート。
確定申告書を税務署に郵送または直接提出。
3月15日 確定申告の受付終了

主な会計ソフト

インストール型	CD - ROMでパソコンにインストール

やよいの青色申告（弥生株式会社）
みんなの青色申告（ソリマチ株式会社）

クラウド型	パソコンへのインストールが不要

クラウド青色申告ソフト freee（freee 株式会社）
MF クラウド確定申告（株式会社マネーフォワード）

他にもさまざまな種類のソフトが市販されていますので、ぜひ挑戦してみましょう

POINT

確定申告には、パソコンやスマートフォンで使える会計ソフトを利用すると便利です。間際になって慌てることのないよう、前もって確定申告の準備をしておきましょう。

お教室講師の先輩 Interview ⑦

Q. お教室のコンセプトを教えてください

ブレスストレッチとは、肛門筋と表情筋と呼吸筋から身体を変えるストレッチ法です。ブレスストレッチでは、動いていないインナーマッスルを覚醒させ、動くインナーマッスルへとシフトさせることで、四十肩や中年太り、ぽっこりお腹、姿勢の悪さからくるO脚や膝痛などでお困りの方に効果を実感いただいています。

Q. どんな生徒さんが集まっていますか

年代は20～80代まで幅広く、女性が多いですが男性にもお越しいただいています。都内を中心に埼玉、神奈川、千葉などからもお越しいただいています。スポーツ歴のない方もいらっしゃいます。

Q. ブレスストレッチというオリジナルの方法を考案した経緯を教えてください。

水泳指導員として、生徒さんの姿勢や体型と泳ぎの関係性を長年観察してきました。自分自身もO脚や下半身太り、椎間板ヘルニアや坐骨すべり症に苦しみ、水泳、ヨガやストレッチ、ダイエットを試したのですが効果が実感できず、自分でオリジナルの動きを考えるきっかけになりました。姿勢や動作の盲点を克服する方法として考案したのが、ブレスストレッチです。自分の中にあるノウハウをマニュアル化して図解化することにとても苦労しました。

Q. マンツーマンレッスンも行なわれています。グループレッスンとの違いは何ですか？

マンツーマン、グループレッスン、それぞれよいところがあります。マンツーマンのよいところは、個人差のあるゆがみをより改善させていけることです。一方でグループレッスンは皆で一緒にがんばろうという気持ちになれることや、自分でわからない部分はまわりをみて進められることです。

Q. 運営で工夫していることはありますか？

見えないインナーマッスルを"見える化"するために、レッスン前と終了後に足裏のチェックや、壁を使った姿勢のチェック、気分のチェックを行ない、生徒さんに効果を実感してもらっています。また、骨格模型や筋肉図解を使った説明も行なっています。

体型も体調も日常生活のクセの積み重ねのため、ブレスストレッチを日常の生活に取り入れてもらう工夫をしています。具体的には、"鏡をみたらにっこりパッチリする、猫背でないか確認する"習慣づけをするなど、日常での気づきのポイントをレッスンの中でお伝えしています。

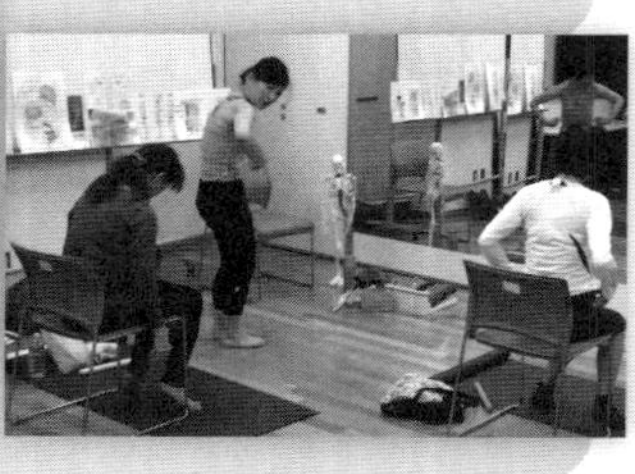

お教室名：ブレスストレッチクラブ®
レッスン内容：ブレスストレッチ教室
講師名：奥山絹子さん
HP：http://breathstretch.com/
場所：東京都港区麻布十番
1回あたりのレッスン人数：4～8名
レッスン単価：月4,000～8,000円（グループレッスン）

☑ お教室開業までのチェックシート⑦

- □お教室の開業費用の計算方法はわかりましたか
- □お教室の開業に必要な届け出はわかりましたか
- □確定申告の時期と方法についてわかりましたか

開業費（開業に必要なものを準備するための費用）を洗い出してみましょう

主な費用	詳細	金額
物件取得	保証金（敷金）	円
	前家賃	円
	仲介手数料	円
	内装・外装工事代	円
	その他	円
設備、什器	家具	円
	電化製品	円
	カーテン、絨毯など	円
	その他	円
仕入れ・試作	初回仕入	円
	試作費用	円
	梱包材	円
	その他	円
消耗品・備品	食器（皿・コップなど）	円
	調理器具（鍋・やかんなど）	円
	その他	円
研修・書籍	研修・セミナー代金	円
	資格取得費	円
	書籍購入	円
	その他	円
広告・宣伝	ホームページ作成	円
	名刺・チラシ作成	円
	その他	円
事務用品	コピー用紙	円
	文具など	円
	その他	円
合計		円

Chapter
8

お教室運営の注意点

Section
8-01

お教室で起こり得るトラブル

未然に防ぐ方法はありますか？

お教室を運営していると、どんなに気をつけていても、大なり小なりのトラブルが発生することがあります。お教室でトラブルの原因になりやすいのは、レッスン料の支払いが遅れるなどのお金に関することや、レッスンの振替・キャンセル・途中退会した時の対応などです。また生徒さん同士でいざこざが起きて、一方がお教室に通いづらくなってしまったという話もよく耳にします。

お教室のルール決めが大切

講師にできる工夫としては、トラブルになり得るさまざまな場面を想定し、教室としてのルールを決めておくことです。たとえば「レッスン料の支払いが2ヶ月遅れたら自動的に退会になる」などです。こうしたルールがないと、トラブルが起きて生徒さんに退会してもらいたくても生徒さんが断った場合に、辞めるか辞めないかでトラブルとなってしまいます。

ルールを決めても、ホームページやブログにただ載せるだけでは、生徒さんに読んでもらえない可能性があります。入会時や最初のレッスン時などに、講師から生徒さんに直接説明する時間を設けるようにしましょう。

厳しいルールを設けると、生徒さんが入会を躊躇してしまうのでは……と心配される方もいます。ただ、ルールを曖昧にしたことで後に大きなトラブルを招くよりは、生徒さんに伝えるべきことはきちんと伝えて、納得した上で入会してもらうほうがよいでしょう。

その他、トラブルを避けるために重要なことは、日頃から生徒さんと密なコミュニケーションを保つことです。一人一人に丁寧な声かけをして、日頃から良好な関係を築いていれば、たとえトラブルが起きても、大きな問題になる前に解決できることが多いからです。

決めておきたいお教室のルール例

内容	詳細
レッスン料など お金に関すること	支払額（レッスン料以外のテキスト料金なども すべて記載）・支払方法（銀行振り込み・現金など）
	支払期日・支払いが遅れた場合の対応について
イレギュラー対応について	休んだ時のレッスン日の振替について
	レッスンへの遅刻への対応について
	レッスンのキャンセル（何日前までＯＫか、キャンセル料など）への対応について
	途中退会について（何日前までの通知が必要か、払い戻しなど）
服装などについて	レッスン中の服装や髪形などのルール
	ネイル、化粧品、香水などのルール
写真撮影について	レッスン中の撮影のルール（人物は映さないなど）
	写真のブログへの掲載ルール
免責事項について	アレルギー・食中毒への対応について
	レッスン中のけがの扱い
	生徒さん間のトラブルについて

POINT

トラブルになりそうなことはあらかじめ教室のルールを定めて、生徒さんに直接説明する時間を取りましょう。また日頃からの密なコミュニケーションを心がけましょう。

Section 8-02

SNSでのNG投稿例

どんなことに気をつければいいですか？

Chapter6でもご紹介した通り、FacebookやInstagramなどのSNSは、生徒さんの募集にぜひ使いたいツールです。SNSでどんな投稿をするかはもちろん自由なのですが、意識せずに投稿した内容が他の人に不快に思われていたということは避けたいものです。

SNSでよく見られるNG投稿の例は、まず「仕事やプライベートの自慢話」です。多くの人に知ってもらいたいと思ったとしても、ただの自慢話で終わるのではなく、読んで面白いと感じる工夫をしてみましょう。

同じく避けたいのが「ネガティブな投稿」です。自分のことならまだしも、他の人への批判や悪口は避けたほうがよいでしょう。たとえ名前を明らかにしていなくても、読む側の立場になってみると、自分のことを書かれているのかと勘ぐってしまいます。

他には、お教室への思いが強すぎるあまり、レッスンやイベントの宣伝ばかりという投稿もNGです。SNSは、いろいろな人たちが情報交換をしたり楽しく会話したりする場所であるということを忘れず、読んだ人が楽しいと感じる投稿を心がけましょう。

個人情報への配慮を

SNSは知り合いだけではなく、不特定多数の人が見る可能性がある場です。そのため、他の人に知られては困る個人情報（生年月日、学歴、住まいなど）の公開範囲は〝友達〟や〝自分〟に狭めておきましょう。

また、他の人と映った写真をSNSにアップする際にも注意が必要です。たとえばFacebookには、自分が今、誰と一緒にいるかを公開する〝タグ付け〟という機能があります。許可を取らないままタグ付けしてしまうと、勝手に情報を広げてしまうことになるので注意しましょう。

SNSの“やってはいけない！”

お教室ミスト@myst　5時間
仕事がとても順調に進んでいます!!
お教室ミスト@myst　1時間
毎日仕事で大忙しです!!
毎日自慢話ばかりで
つまらないなぁ……

お教室ミスト@myst　3時間
今日仕事で嫌なことがありました…
私のことかなぁ……

お教室ミスト@myst　8時間
今、東京駅にAさんと一緒にいます！
今日は別の場所に
行ったことにしてた
のにな……

POINT

SNSでは、読んでいる人が役に立ったと感じたり、楽しいと思うような投稿を心がけましょう。また自分の個人情報はもちろん、他の人の個人情報を漏らすことがないように気をつけましょう。

Section
8-03

気をつけたい写真の著作権

写真を守るよい方法はありますか？

ブログやSNSに使う写真を、どのように探していますか？

「ケーキ　写真」や「ピンク　リボン　写真」などの検索でヒットした写真を使っているなら、「著作権」に違反している可能性があります。

著作権とは、オリジナルをつくった人が自分の写真や音楽などを守る権利のことです。他の人の写真を、許可を得ないまま自分のブログやSNSでアップすることは、著作権の侵害にあたります。

他の人のブログの写真や、Googleの画像検索でヒットした写真を使うのは、まずやめましょう。著作権を気にせずに使うには、著作権フリーの写真を集めた写真サイトを利用するのが安心です。ただし、著作権がフリーでも有料のものや、用途が決まっているものもあるので、各写真サイトの利用規約を確認しましょう。

自分の写真の著作権を守るために

では自分がブログやSNSにあげた写真を他人に使われないためにはどうすればよいのでしょうか？

残念ながら自分の写真を100％ダウンロードさせないようにする方法はありません。写真の上にコピーライト（例：Copyright©2020 お教室名）表記を入れたり、お教室名やロゴを入れることで、他の人がダウンロードして使いづらくなります。たとえコピーライトやロゴがなくても、他人に無断で使われた場合は著作権の侵害になります。

自分の写真が無断で使われていることに気づいた場合は、連絡を取って使用をやめるように依頼しましょう。誠意のある回答が得られない場合は、ブログやSNSの管理会社に申し立てをするのがよいでしょう。

写真の著作権を守る方法

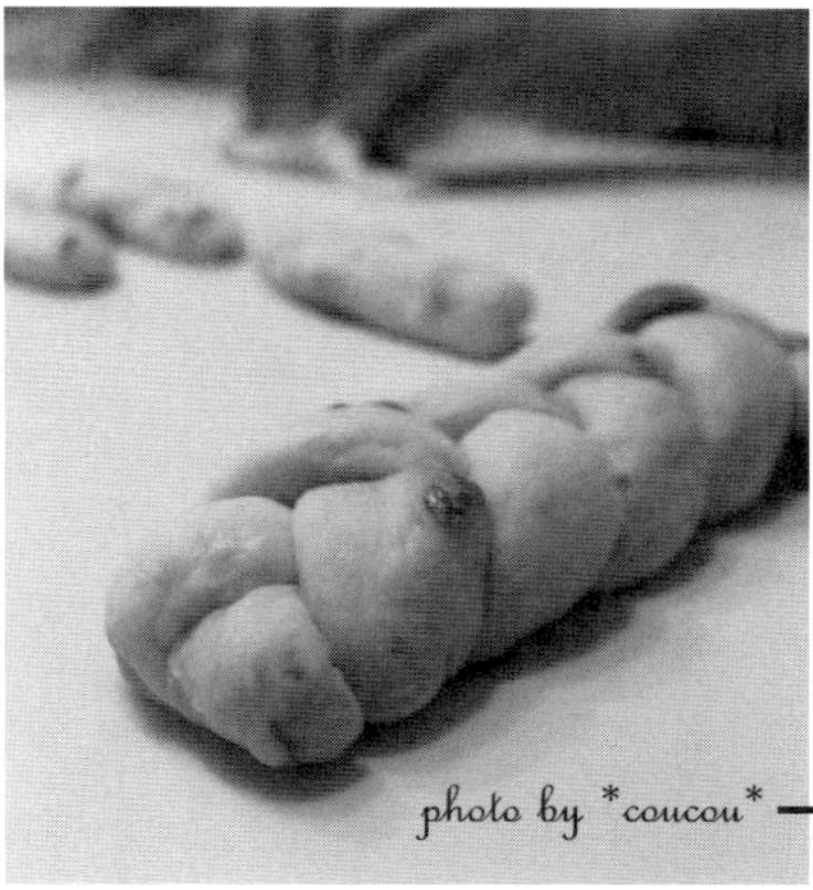

お教室名やロゴを写真の上に入れることで、他の人がダウンロードしてそのまま使うことを防ぐことができます

著作権フリー　写真素材お勧めサイト

● 写真素材足成　http://www.ashinari.com/
主にアマチュアカメラマンが撮影した写真があげられています。
個人・商用問わず、無料で使用が可能です。

● PEXELS　https://www.pexels.com
海外写真サイトで品質の高い写真が多いです。
個人・商用問わず、無料で使用が可能です。

● fotolia　https://jp.fotolia.com/
Adobe 社が運営する有料の写真素材サイトです。
購入した写真はホームページやブログ、印刷などに使用可能です。

POINT

他の人のブログやSNSの写真を無断で使用するのは著作権侵害にあたります。トラブルにならないように、信頼できる写真素材サイトを利用しましょう。自分の写真にはお教室名やロゴを入れておきましょう。

Section
8-04

所属する協会の選び方

見極めのポイントはありますか？

　協会の認定講師の資格やディプロマを取ってからお教室の開業をめざす方が増えています。協会が発行できる資格は民間の資格のため、たとえ資格がなくても、オリジナルの技術を教えるお教室を開業することは可能ですし、どこにも所属せずフリーで活躍している講師もたくさんいます。協会の認定講師をめざす場合には、協会に所属することでどんなメリットやデメリットがあるのかを、きちんと調べてから決めましょう。

　協会に所属するメリットは、教えるカリキュラムが決まっていて、自分で準備する必要がないことや、レッスンに使用する材料や器材を協会から購入できること、協会のホームページ等でお教室を宣伝してもらえること、などがあげられます。それらのメリットが、協会で資格を取る費用に見合うかどうかを考えるのがいいでしょう。

　一方で、協会に所属するメリットはデメリットにもなり得ます。たとえば、教えるカリキュラムが決められているために、講師が自由なスタイルでレッスンができなかったり、協会が指定した材料を使用するために、経費を下げられなかったりすることです。特徴を出した自分らしいお教室をつくることの大切さを述べましたが（40ページ）、所属する協会の規約によっては、自分らしさを表現することに制約が生じる場合もあります。

開業して3年先のことを考えた協会選び

　開業した直後は協会に所属するメリットを多く感じていても、開業して数年が経ち、新しいスタイルのレッスンにチャレンジしたくなっても、協会の規約でできないことが多いと、お教室の成長の足かせになってしまいます。開業してすぐのことだけでなく、3年先のことまで考えて、どの協会に所属するかを考えましょう。

協会のメリット・デメリット

	協会に入るメリット	協会に入るデメリット
カリキュラム	協会が定めるカリキュラムにそって学ぶので、短期間で技術を習得して開業することができる	講師が考えたオリジナルのカリキュラムで生徒に教えることができない場合が多い
教材・レシピ	協会から支給されることが多く、自分で作成する必要がない	自分ならではの教材やレシピで教えることができない場合がある
材料・器材	協会を通じて購入できることが多く、自分で購入先を探す必要がない	他の店と価格を比較できずに割高な場合がある。同じ材料を使うので、他の講師と作品のテイストやデザインが似通ってしまう場合がある
集客・宣伝	協会のホームページでお教室を紹介してくれたり、生徒を紹介してくれるなど、集客につながる場合がある	協会によっては、各教室の宣伝に力をいれていないところもあり、費用に見合う集客効果が期待できない場合もある

POINT

資格がなくてもお教室を開業することは可能です。協会に所属する場合は、協会の規約をよく読み、入会するメリット・デメリットを比べて決めましょう。

Section 8-05

ケガや病気や出産、介護について

会社員との違いはありますか？

お教室の開業を考えながら、将来、出産や介護を控えている方も多いと思います。また自分自身がケガをしたり病気になった場合のことも考えなければなりません。個人事業主としてお教室の講師をする場合、会社員や派遣社員などと制度が大きく異なるので注意が必要です。

出産については、会社員などの場合、出産前後の14週間は休業するように定められ、健康保険から給与の3分の2が支払われます。一方で個人事業主には産休の制度はなく、何日間休むかは自分で決めることとなり、休んだ間は無給となります。出産後の育児についても、会社員などの場合は子供が一歳になるまで休暇を取ることができ、給与の一部が支払われますが、個人事業主にその制度はなく、休んだ間は無給です。

介護休業についても同じで、会社員なら家族1人あたり最大93日の休暇が認められ、給与の一部が支払われますが、個人事業主にはその制度はありません。

自分がケガや病気になった場合はどうでしょうか。会社員などの場合、ケガや病気で長期間仕事ができなくなったら給料の代わりに傷病手当金をもらうことができますが、個人事業主にはその制度はありません。

日頃から何かあった時の備えを

このように、会社員が使える産休・育休・介護休業、ケガや病気時の公的な制度の多くは、個人事業主であるお教室の講師は使うことができません。出産や介護、ケガ等でお教室を閉めている間、補償はないため売上がゼロになるだけでなく、家賃や光熱費など固定費がかかる場合は赤字になってしまいます。

出産や介護、ケガ等による休業は計画通りにはじまることは少なく、ある日突然スタートします。いざそうなった時に慌てないように、日頃から経費の削減を心がけ、資金に余裕をもたせておくようにしましょう。

“もしも”の時のお金のこと

	お教室講師（個人事業主）	一般的な会社員や派遣社員
産前・産後休業	公的支援制度なし	出産予定日前後の 14 週間は休業するように定められ、その間は給与の 3 分の 2 が支払われる
育児休業	公的支援制度なし	子供が 1 歳になる前日まで休暇を取ることができ、その間は給与の一部が支払われる
介護休業	公的支援制度なし	家族 1 人あたり最大 93 日が認められ、その間は給与の一部が支払われる
ケガ・病気	公的支援制度なし	条件に応じて傷病手当金が支払われる

（2016 年 9 月時点）

POINT

お教室の講師は“個人事業主”のため、産休・育休・介護休業、ケガ・病気の制度の多くは使うことができません。いざそうなった時にも慌てないように、日頃から教室の経費を抑え、資金に余裕をもたせておきましょう。

お教室講師の先輩 Interview ⑧

プロテインスイーツ® 教室アリエス主宰
山崎志保さん

「準備が完璧に整ったらスタートしよう」と思っていたら、私はなかなかスタートできませんでした。とにかくスタートして、生徒さんに育てていただきながら成長しよう！というくらいの気持ちで、1日も早く行動を起こしていただきたいです。

テーブルコーディネート教室 Table Planning Chouette 主宰
中江利会子さん

開業当時は立地が課題になるかと思っていましたが、いざやってみると特に問題でなかったということがありました。“やらないでどうしよう”ではなく、“とりあえずやってみる”、“色々揃ってからじゃないとできない”ではなく、“できるものでやってみる”という姿勢がよいと思います。

ブレスストレッチクラブ® 主宰
奥山絹子さん

開業する際にスキルが十分でないと、自分でハードルを上げがちですが、必要としている人は必ずいます。初級の人が必ずしもプロに教えてほしいわけではありません。独自のスキルと伝え方を磨き続ける姿勢が大切だと思います。開業した今も、日々の学びや試行錯誤から新たな気づきや発見があり、生徒さんとともに成長していると実感しています。

英語教室 First English 主宰
今井千夏さん

開業して最初の2～3年は何でも自分でやらなければならず、やっても意味がなかった、ということもあります。つらい時期には同じ地域で開業している異業種の方などとつながり、刺激しあったり励ましあうことも大事だと思います。
また家庭と仕事を両立する場合は、時には自分で「ここまで」と決めて、自分のやりたい気持ちを抑えることも大事だと思います。

☑ お教室開業までのチェックシート⑧

- □ お教室でのトラブルを防ぐ方法はわかりましたか？
- □ ＳＮＳでのＮＧ例についてわかりましたか？
- □ 写真の著作権を守る方法についてわかりましたか？

お教室のルールを決めてみましょう

内　容	お教室のルール
レッスン料の支払いに関すること	
遅刻やキャンセルなどのイレギュラー対応について	
服装などについて	
写真撮影について	
免責事項について	

Chapter
9

人気お教室にするために
できること

Section
9-01

どんなお教室でもスタートは一緒

うまくいかないと感じた時には

「開業したけどなかなか生徒さんが増えない……」、そんな時にはつい他の教室のことが気になってしまい、ブログで賑わっている様子を見てはさらに落ち込んでしまうという声をよく聞きます。

どんな人気のお教室でも、開業してすぐに集客できたケースは多くはありません。生徒さんが0人の状態でもあきらめずに努力し、よいレッスンを続けた教室だけが残っているのです。長くお教室を運営している と、いい時もあれば悪い時も必ずあります。ブログには書いていなくても、どんなお教室もいろいろな問題に悩みながら、日々運営しているものです。

お教室を長く続けるためには、うまくいっているように見える人に振り回されず、自分のペースで進むことが大切です。勉強のために他の教室のブログを読むのはいいことですが、ブログを読むことで気持ちが不安定になるのであれば、しばらくやめてみましょう。

まずは目の前の生徒さん一人一人に向き合ってみて

うまくいかないと感じた時は、他のお教室のことを気にするよりも、目の前の生徒さんの話を聞いてみましょう。レッスンで気になることなど、レッスン改善のヒントをもらうことができるでしょう。

また講師の心持ちとして、生徒さんが減ったり、集客がうまくいかなくなったりした時は、落ち込んで立ち止まるのではなく、お教室を改善するチャンスととらえるといいようです。

お教室のレイアウトの変更や、新しいレッスンの立ち上げ準備など、日頃は忙しくてできなかったことに手をつけるチャンスです。小さな改善を繰り返すことで、徐々にその効果が表われてきます。立ち止まっていても何も生まれてはきませんので、走りながら次の一手を考えていきましょう。

お教室の改善のサイクル

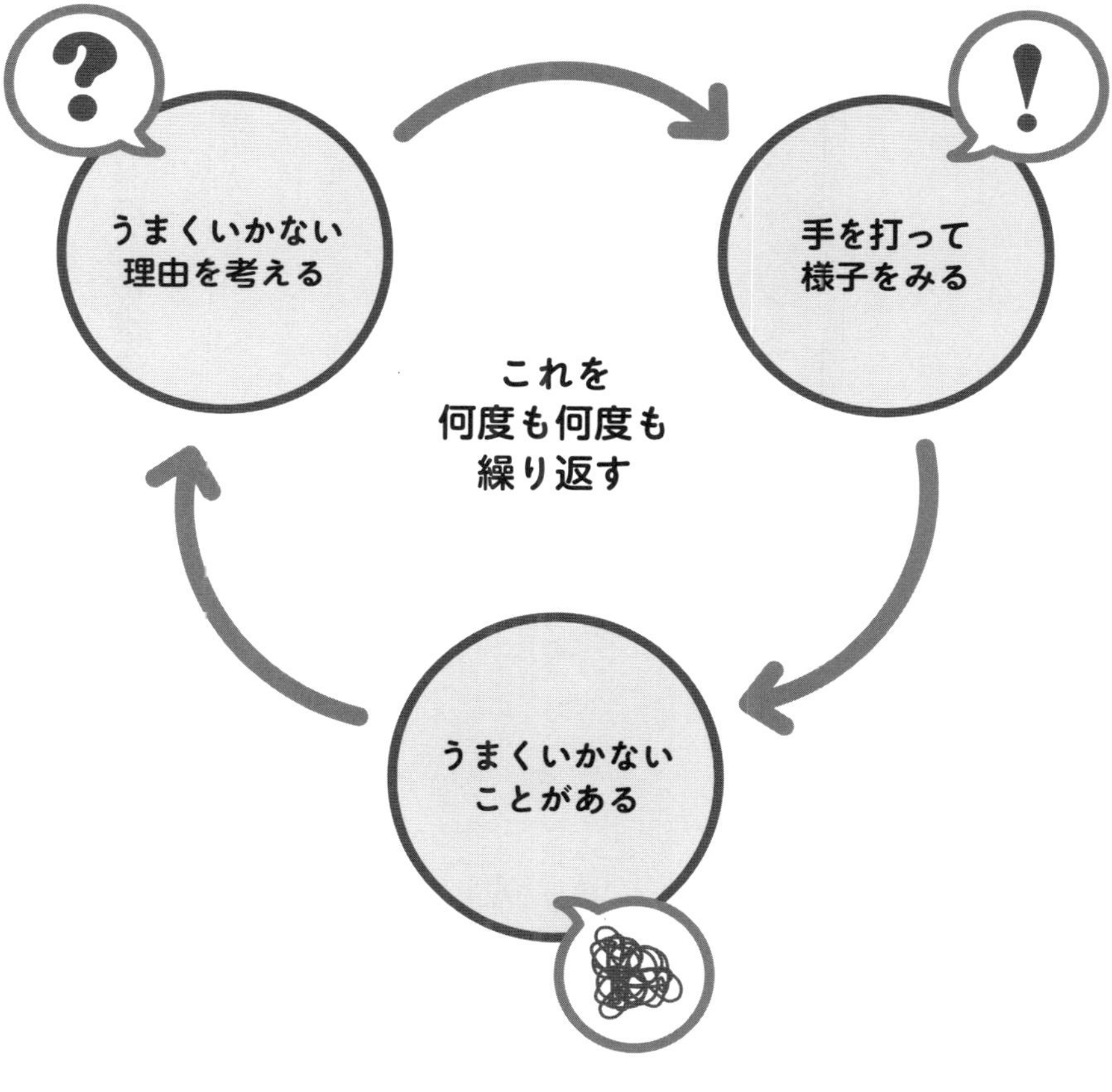

POINT

お教室を長く続けるためには、自分のペースで進むことが大切です。目の前の生徒さん一人一人と向き合い、小さな改善を積み重ねていきましょう。

Section
9-02

人気の講師に共通していること

おもてなしの心の磨き方は

さまざまなお教室の講師の方とお話をしていると、人気の講師に共通するある特徴に気づきます。講師の高い技術力でしょうか？　人脈の広さでしょうか？

技術力が高いことや人脈が広いことはもちろん講師の大きな強みですが、それだけでは人気のお教室にはなれません。カフェやお店などと比べて、お教室では講師と生徒さんが長い時間を一緒に過ごします。そのため、生徒さんがその長い時間を気持ちよく過ごせるかどうかが、教室の運営でとても重要です。

人気教室の講師に共通して感じることは、〝おもてなし〟の心をもっていることです。〝おもてなし〟とは日本独自の文化で、客や大切な人のことを思いやり、心配りをすることです。そして、おもてなしに対する努力や手間は表に出さず、相手に余計な気遣いをさせません。人気教室の講師の方にお会いしていつも感動するのは、そうしたおもてなしの心です。

レッスンがはじまる前から お見送りまで

レッスン前の掃除や材料の下準備、レッスン中の声掛け、そしてお見送りまで、人気講師になるほど生徒さんへの思いやりや心配りがお教室の最初から最後まで表われています。生徒はそれを受けて「心地よい」と感じ、「またここに来たい」と思うようになります。たとえ急に人気が出たお教室でも、日々のレッスンでのおもてなしが欠けていれば、生徒さんはどんどん離れていきます。また、高い技術を教えてくれるお教室でも、居心地の悪さを我慢してまで毎週通いたいと思う生徒さんは少ないでしょう。

おもてなしの心を磨くためには、レストランやカフェなどで店員さんの動きをよく観察してみましょう。そして自分が心地よいと感じたものを、ぜひお教室に取り入れてみましょう。

おもてなしで工夫している点

アリエス主宰 山崎志保さん

生徒さんが帰る時、「楽しかったです、また来たいです」と笑顔で言っていただけるよう、レッスン中はお一人お一人にお声がけし、他にどんなことを学びたいか？　などニーズを引き出し、できる限り対応しています

Smile Dish 主宰 Mayun さん

レッスンで一緒に材料を切る中で一人一人の料理のスキルをみて、初心者の方でも安心して進められるようにスキルに合わせて進めています。またなるべく全員が多くの料理に参加できるように、一人一人の様子を見ながら声をかけるようにしています。

POINT

お教室ではレッスンのはじめからおわりまで、講師のおもてなしの心がすべてに表われます。人と接するときにどんなおもてなしができるか、日常の生活の中でも意識してみるようにしましょう。

Section
9-03

生徒さんを増やすためにできること

どうすればリピーターになってくれますか

お教室の生徒さんがなかなか増えないとご相談いただいた時〝皆さんのお教室で4名のレッスンを募集して1名しか申し込みがなかった場合、どうとらえますか？〟とお聞きします。

これを「3名埋まらなかった」と考えるか、「1名埋まった」と考えるかは、大きな分かれ道です。「3名埋まらなかった」と考えると、利益が見込めないのでレッスンを中止することになります。逆に「1名埋まった」と考えると、赤字覚悟でレッスンを行なうことになります。どちらが正しい選択なのでしょうか。

レッスンを中止した場合、1回分のレッスンの赤字は避けられますが、申し込みをした方がまた来てくれる可能性は低く、生徒さんを1人減らすことになります。逆に1名向けにレッスンをした場合、その回は赤字になりますが、その方がレッスンを継続して長期的に黒字になる可能性がありますし、知り合いに紹介してくれるかもしれません。

売上全体の8割を占めるリピーターの存在

一般的に「2：8の法則」と言われる法則では、売上全体の8割は、優良な2割のお客さんからの売上で占めるとされます。つまり10人の生徒さんがいる場合、その中の主要な生徒さん2人がもたらす売上が、教室を支えるということです。新しい生徒さんの集客も大事ですが、それ以上に目の前の生徒さんを大切にして、リピーターやファンになってもらうことが大事です。

人気のお教室には必ず固定のファンがついています。まずは目の前の生徒さんが長く通いやすいように、レッスンの工夫をしてみましょう。また、長く通うモチベーションを保ってもらうように、お楽しみイベントを開催したり、スキルを確認できるコンテストやテストを設定するなどの工夫をしてみましょう。

お教室にとって大事な生徒さんとは？

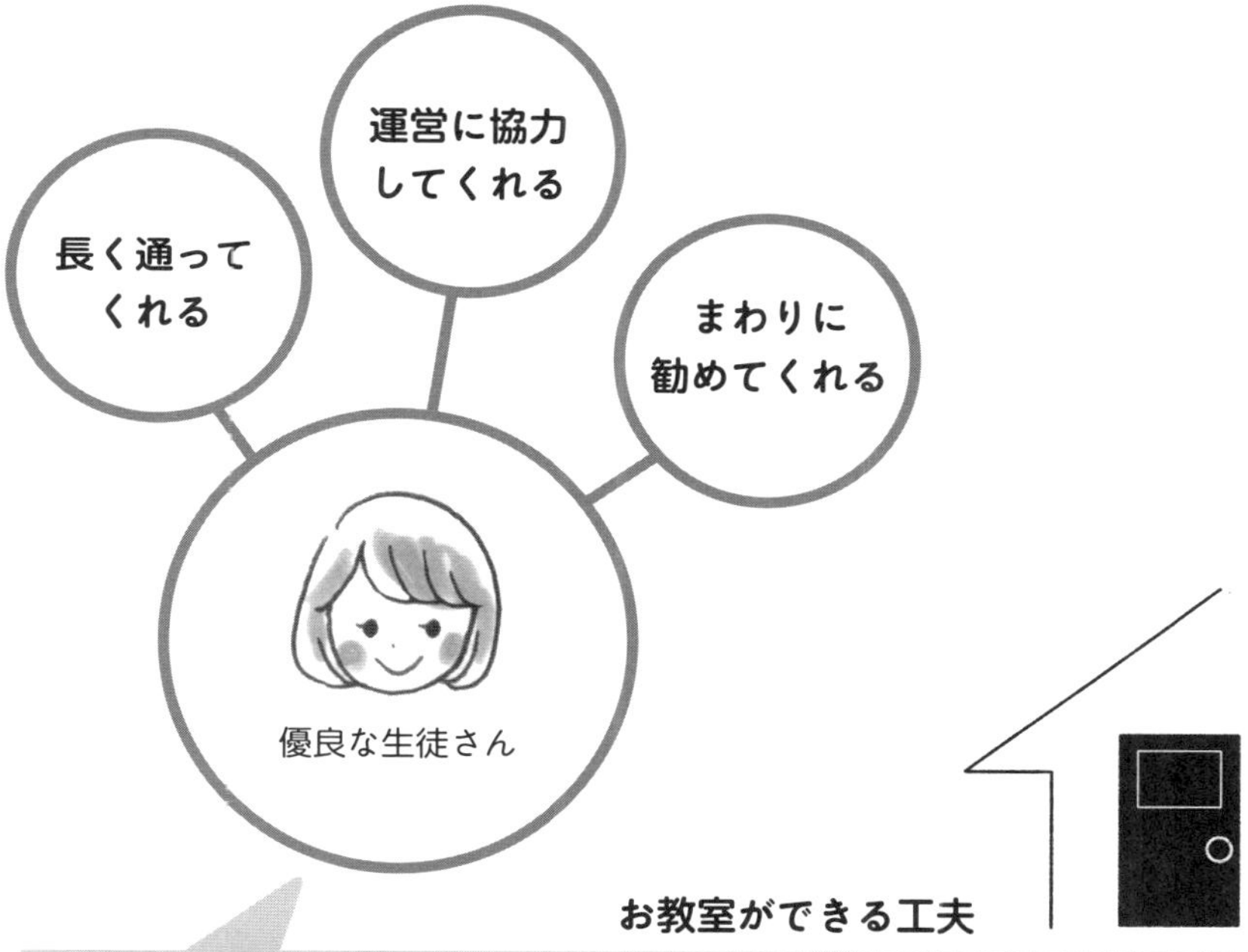

- レッスンの予約に優先枠を設けるなど、通いやすい工夫をする
- 長く続けるとレッスン価格が割安になるように設定する
- 生徒さんの声を教室の運営に反映しやすくする

など

POINT

新しい生徒さんの集客も大事ですが、まずは目の前にいる生徒さんを大切にして、お教室のリピーターやファンになってもらうことを第一に考えましょう。

Section
9-04

講師は常にスキルアップ

忙しくて時間が取れない時は……

最新の技術を生徒に伝えていくには、講師自身のスキルアップが欠かせません。レッスンの準備や接客などの忙しい時間の中で、お教室の講師はどのようにスキルアップするのがよいのでしょうか?

「スキルアップ=学校や教室に通って、新しい資格を取ること」と考えると、なかなか時間が取れません。でも学校や教室に通わなくても、日頃のレッスンでの気づきを次に活かすこともスキルアップの1つです。目の前のレッスンをただこなすのと、生徒さんからの疑問を丁寧に拾ってレッスンの改善につなげようとするのとでは、1年もたつと講師のスキルに大きな差が生まれます。

人気教室の講師ほど、レッスン以外の時間もついレッスンの事を考えてしまう、という方が多いです。何気ない街歩きや旅行の合間など、ふとした日常の中にもレッスンに取り入れられるポイントはたくさんあります。日常でもつい考えてしまうほど、お教室やレッスンのことが好きであるほど、「スキルアップしよう」とあらためて考えなくても、自然にスキルが上がるようです。どんな教室を開こうか考える時に、好きなことを仕事にすることが重要な理由もここにあります。

TVや雑誌で最新のトレンドをキャッチ

どんなレッスンに人気が集まるかは、時代の流行も大きく影響します。お教室の生徒さんの層が読む雑誌や本に目を通したり、テレビ番組を見ることで最新のトレンドをキャッチして、レッスンに取り入れられることがないか、常にアンテナを張っておきましょう。また、さまざまな分野の人が集まる交流会に参加したり、他の講師とコラボレッスンを開催することでも多くの刺激を受けて、レッスンに新しい視点を取り入れることができるので、お教室の外へ、ぜひ積極的に出かけてみましょう。

先輩講師のスキルアップのための取り組み

Smile Dish 主宰 Mayun さん

「単発のベジタリアン料理のレッスンに参加したり、お店に食べに行ったりしながら、お料理の創作力を高める努力をしています。また自然食に関わるお料理雑誌や健康、美容系の本はチェックしています」

Table Planning Chouette 主宰 中江利会子さん

「インテリアショップや雑貨屋さんを回ってみたり、人気のカフェやスイーツも覗きに行ったりします。また書店をめぐり、食やインテリア関連の雑誌もチェックしています。おもてなし関係や食に関する他の方のレッスンにも時々参加したりもしています」

First English 主宰 今井千夏さん

「新聞や雑誌で英語教育特集を読むようにして、英語教育の最新の状況を把握するように心がけています。実際の子育てをする中でいろいろ考えたり実践していることも、仕事の中で役に立っています」

coucou 主宰 大竹直子さん

「神戸や東京のパン・料理のスクールに通って、さらなるスキルアップを心がけています。またカメラのスタイリングやフラワーアレンジメントなどのレッスンにも参加しました。その他にも雑誌やテレビで取り上げられた最新のトレンドをレッスンに取り入れるようにしています」

POINT

日常の中にも、レッスンに取り入れられるポイントが散らばっています。またテレビや雑誌には目を通し、最新のトレンドを逃さないように、アンテナを張っておきましょう。

Section 9-05

取材のチャンスを得るためには

何かできることはありますか？

お教室のことを多くの方に知ってもらうために、テレビや雑誌の取材を受けるという目標をおもちの方も多いと思います。マスコミの取材の対象となるために、テレビ局や出版社がどんな情報を探しているかを考えてみましょう。

まずは他の教室にはない特徴があり、わざわざ取材したいと思われることが重要です。たとえば雑誌で〝時短生活〟の特集が組まれる場合。ただの料理教室ではなく、〝10分で3品つくるレッスン〟など時短の要素をレッスンに取り入れたお教室が探されます。マスコミにとって取材の価値があると思われる、魅力的なレッスン内容を用意できることが重要です。

また、たとえばオリンピックが近づくと、開催国のレシピを習える料理教室がテレビや雑誌に取り上げられます。他にも母の日やクリスマスなど季節のイベントが近づくと、イベントにちなんだプレゼントを手づくりできるお教室が取り上げられます。このように、これからくるトレンドを予測して、お教室のレッスンに取り入れておくことも必要となります。

お教室の強みや実績をしっかりとアピール

テレビ局や出版社では、取材対象となるお教室をインターネットで検索する場合があるので、ホームページやブログを最新の内容に更新しておくことや、お教室の特徴や実績をしっかりとアピールしておくことが重要です。

また、お教室で何か新しい取り組みをはじめる時には、プレスリリースにも挑戦してみましょう。プレスリリースとは、新しい商品やサービスをマスコミに伝えるための手段で、Ａ4用紙1～2枚に伝えたいことをまとめて配信します。ＦＡＸや郵送で配信する以外に、プレスリリースの発行を代行してくれる会社もありますので、活用してみましょう。

プロテインスイーツ®教室、アリエスのケース（138ページ）

『プロテイン ダイエットレシピ』山崎志保著・河出書房新社（2015年6月）

メディア / テレビ

2014/5月　日本テレビ　「ぶらり途中下車の旅」
2014/10月　テレビ東京　「モヤモヤさま～ず2」
2015/1月　テレビ朝日　「お願い！ランキング」
2015/10月　テレビ東京　「イチゲンさん」
2015/12月　日本テレビ　「ニノさん」
など他にも多数

メディア / 雑誌 / 書籍

2014/3月　フィジークマガジン　創刊号
2014/6月　ウーマンズシェイプ　vol.10
2015/6月　Tarzan 675号
2015/10月　NumberDO（文藝春秋）
など他にも多数

2014年4月から今日まで計12回、ＮＨＫ以外の在京全局から取材依頼をいただきました。

フリーペーパーやウェブマガジンなどでレシピ原稿の執筆を無料でお引き受けする代わりに、記事に教室ＰＲを掲載していただいたりしました。またテレビや雑誌の取材はかなり急なスケジュールなことが多いのですが、基本的にはお断りせず精一杯対応し、マスコミ露出を増やすよう心がけています。

テレビ取材の依頼をいただいた際は、プロデューサーの意図や番組テーマをよく理解し、「またお願いします!」と言われるよう対応しています。

「プロテインスイーツという珍しいスイーツであること」ではじめに注目が集まり、バラエティ番組で「珍スイーツ」として取り扱われることが多いのですが、今後は健康番組などでも「ヘルシースイーツ」として取り上げてもらえるようになることが、一番の目標です。

今後はよりまめにブログを更新したり、マスコミ向けにニュースリリースを送ったりしていきたいと思っています。

Section 9-06

お教室を拡大していくために

どんなペースで進めるのがよいですか？

最初は小さくお教室を開き、徐々に拡大していくには、どのようなペースで進めるのがよいのでしょうか。

開業して最初の目標は、十分に生徒さんを集客できること、です。生徒さんが集まるようになれば資金面で余裕が生まれ、次の展開を考えられるようになります。自宅から賃貸のスペースへ、手狭なスペースから広いスペースへ、より条件のよい場所にお教室を移すことを考えてもいいでしょう。

より多くの場所でレッスンを開催するためには、自分以外に同じレッスンができる講師を育てることが必要になります。お教室で教える内容をカリキュラムとしてまとめ、ライセンスを取得した講師が同じ内容を教えられる仕組みを整えれば、全国で同じ内容のレッスンを行なうことも可能となります。

その他に、企業と仕事をすることで安定した売上をめざす方法もあります。企業とつながりを持つためには、直接お店に営業活動を行なったり、イベントや展示会に出店して知名度を高めたりします。企業側からの条件として、数百個単位の在庫を納入できることなど、講師1人では対応できないことも多いので、スタッフを雇用するなど仕組みづくりが必要となります。

お教室の目標をしっかりと定めて

いずれの方法を取るにしても、自分1人の運営では難しく、講師やスタッフを育てていく必要があります。誰が講師になってもレッスンの品質を保てるように、レッスン手順をマニュアル化したり、独自のテキストをつくったりするなど、かなりの準備が必要です。

なお、お教室の拡大をすべての生徒さんが望んでいるかは別の問題です。生徒さんの中には、講師が変わるならやめるという方もいるでしょう。どんなお教室に育てることが自分の目標なのか、しっかりと考えてみましょう。

お教室拡大までのステップ例

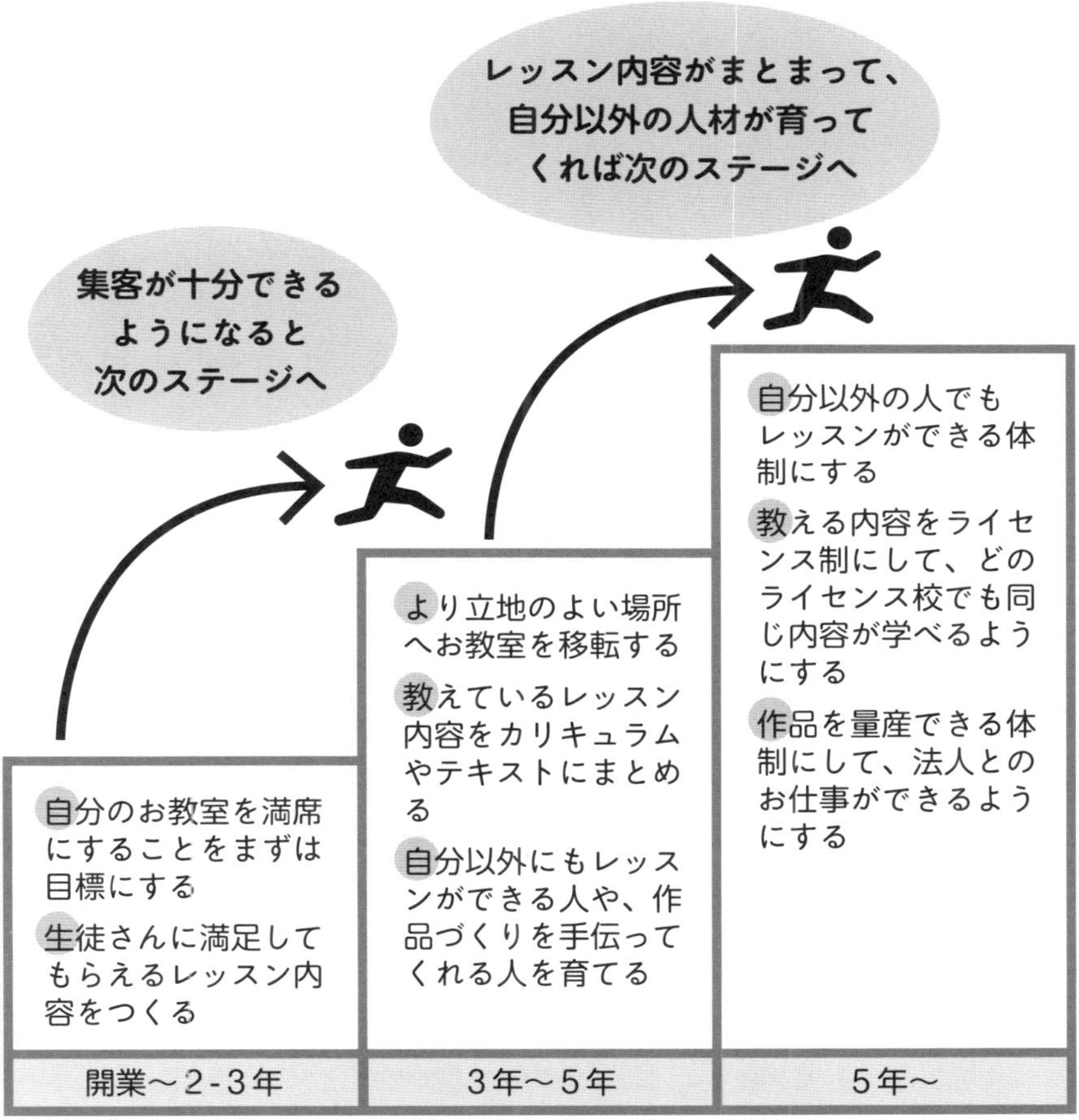

POINT

お教室を拡大することだけが、お教室の目標ではありません。自分自身がどんな教室をつくりたいのか、しっかりと考えてみましょう。

Section
9-07

5年、10年先にも残るお教室になるために

長くお教室を続けるために必要なこと

さまざまな想いでいろいろな方がチャレンジするお教室。一方で、開業した個人事業主が10年後に存続する割合は約1割と言われています。10人がお教室をはじめたとしても、10年後には1つのお教室しか残っていないという計算です。10年後に残る1人と途中でやめてしまう9人の差はどこにあるのでしょうか。

開業して10年の間に、まったく何のトラブルもなく運営できることはありません。生徒さんとのトラブルや、取引先や同業者とのトラブルなど、大なり小なりのトラブルは必ず起きるでしょう。また集客についても、常に順調というお教室はありません。どんなに人気のお教室でも、生徒さんが増えたり減ったりするのを繰り返しながら、お教室を続けています。

お教室は講師が「辞める」と言ってしまえば、それで終わりです。会社員の場合は上司が引き止めてくれますが、個人事業主の場合は辞めると言っても誰も引き止めてくれません。はじめるのも終わりにするのも、すべて自己責任なのがお教室の世界です。

あきらめないことでチャンスがやってくる

私自身、開業してうまく回りはじめた直後の2011年に東日本大震災がありました。命が無事つながったことを感謝しながらも、自分のビジネスをどう立て直せばよいのか途方に暮れたのを思い出します。会社員に戻る選択肢も考えながら、試行錯誤の上にスタートしたのが、お教室を開業する女性を応援するミストでした。あの時続けることをあきらめていたら、本書を書くチャンスにも巡り合えなかったでしょう。

せっかくやりたいことが見つかったのであれば、まずは半年間続けてみましょう。半年続いたのであれば次は1年、その次は2年と、少しずつ目標を延ばしていきましょう。「気づいたら開業10年目です」という日を目標に、一歩一歩進んでいきましょう。

10年後にも残るお教室とは

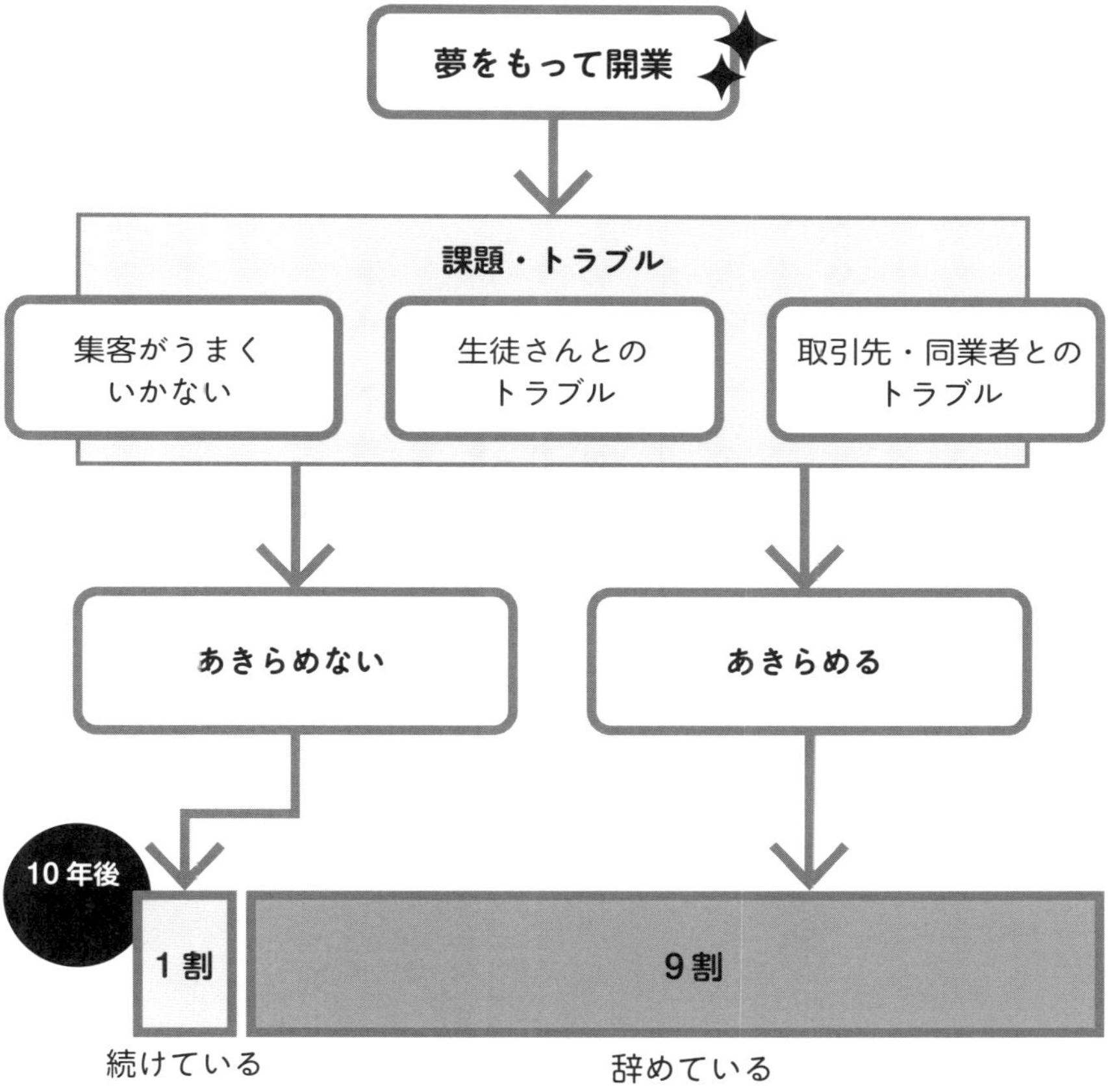

POINT

10年後に残る1人と途中で辞めてしまう9人の差は、“あきらめない”ということです。まずは半年、そして1年と、お教室を続けることをめざしてみましょう。

お教室講師の先輩 Interview ❾

アクリナージュ教室 Chérie Maman（シェリー・ママン）主宰
本木綾子さん

どんな生徒さんに、どんな風に満足していただきたいのかを常に考え続け、一つ一つそこに近づく努力をすることが、人気のお教室の秘訣だと思います。
生徒さんへのまっすぐな思いを持ち続け、生徒さんも自分もハッピーなお教室をつくれたら素敵だと思います。

おうちパン教室 coucou 主宰
大竹直子さん

“まずはやってみる”という気持ちが大切だと思います。どんなに自分がいいと思ったことでも、実際にお教室をはじめてみたら、やはり改善が必要になることがあります。立ち止まらず、生徒さんに合わせながら走り続けて考えてみるのがよいと思います。

マクロビオティック教室 Smile Dish 主宰
Mayunさん

どんなお教室にすべきかを考えすぎるときりがありません。最後にやるのは自分なので、自分がやりたいことを基本に考えると考えがまとまりやすいと思います。お教室をはじめた後に、いくらでも修正できます。信念はもちつつ、生徒さんに合わせて。ゆっくりと少しずつ長く続けてもらえるのがよいと思います。

☑ お教室開業までのチェックシート⑨

□人気講師の共通点がわかりましたか？

□お教室のリピーターの大切さがわかりましたか？

□取材のチャンスを得るためにできることがわかりましたか？

1 講師としてどのようにスキルアップをはかっていくか、書いてみましょう

2 お教室の１年後、３年後、５年後の目標を立ててみましょう

	お教室の目標
１年後	
３年後	
５年後	

著者略歴

池田範子（いけだ のりこ）

お教室開業支援ミスト代表
一橋大学卒業後、大手コンサルティング会社勤務を経て、好きなことを仕事にする女性を応援する「お教室開業支援ミスト」を立ち上げる。開業支援カウンセリングやSNS使いこなし講座、ネットショップの立ち上げ指導など、1ヶ月先まで予約が取れない人気コンサルティングを提供している。

「小さくスタートして、長く続けて、大きくする」ことを目標とし、コストを抑え、自分でできることは自分でやるためには、お教室講師のスキルアップが必要と提唱している。

お教室開業に役立つ情報を発信するブログ・Facebookの購読者数1,000人。

年間200人を超える開業サポートを実施。

“自分の好きなことで開業する＝自分らしく生きること”と捉え、1人でも多くのお教室講師が誕生することを願っている。

お教室開業支援ミスト
HP：http://www.myst.bz/
ブログ：http://ameblo.jp/mystbz

“好き・得意”を教える先生になろう！

「お教室」のつくり方

平成28年9月28日　初版発行
令和 元 年6月27日　3刷発行

著　者 —— 池田範子

発行者 —— 中島治久

発行所 —— 同文舘出版株式会社

東京都千代田区神田神保町1-41　〒101-0051
電話　営業03（3294）1801　編集03（3294）1802
振替00100-8-42935
http://www.dobunkan.co.jp/

ISBN978-4-495-53561-2
印刷／製本：三美印刷
Printed in Japan 2016